鈴木さんは平凡ではない！

東西南北 方角名字の謎

さいとうさんの秘密

日本人のおなまえっ！ 1

NHK「日本人のおなまえっ！」制作班・編
森岡浩・監修

山田さんの摩訶不思議な魅力

不思議な読み方名字

○子さんお名前盛衰記

日本人のおなまえっ！ ①

目次

part 2 東西南北方角名字の謎

part 3 さいとうさんの秘密

part 4

山田さんの摩訶不思議な魅力

part 5

不思議な読み方名字

コラム ● 森岡 浩の日本人のおなまえっ！ 知っ得情報
「幽霊名字」にはどんなものがあるのか？ そして、なぜ生まれたのか？——129

part 6 ○子さん お名前 盛衰記

古舘敬白 ● お名前の流行には、大きな理由がある！——132
5年ぶりにお名前ベスト10入り！ ○子さんに人気復活の兆しが!?——134
○子さんの歴史をさかのぼると、意外なことばかり浮かび上がる！——138
なぜ○子さんは大ブレイク、ブームになったのか？——143
〝新しい女〟たちも○子さんブームを強く後押ししていった！——147
昭和中期まで○子さんがお名前ベスト10を独占していた！——149
○子さんは高度成長期に急減！ このまま衰退を続けていくのか？——154
コラム ● 平安時代のキラキラネーム、公家訓みは超難読!?——137

お名前をめぐる旅は前人未踏の冒険でした
——あとがきにかえて
NHK制作局・開発推進 チーフ・プロデューサー 水髙 満——157

アートディレクション・装丁・本文デザイン ○ 中城裕志
デザイン ○ 宮原雄太（株式会社中城デザイン事務所）
編集 ○ 羽柴重文（株式会社BIOS） 編集協力 ○ 横山由希路
協力 ○ 桝本孝浩・石田健祐（株式会社NHKエデュケーショナル）
写真撮影 ○ 五十嵐和博 校正 ○ 天人社 図版協力 ○ タナカデザイン

【鈴木】【東西南北のつく名字】／2016年8月25日放送
【さいとう】／2017年4月6日放送
【山田】／2017年4月13日放送
【○子】／2017年4月20日放送
【言われてみればフシギな読み方名字】／2017年4月27日放送

出演 ○ 古舘伊知郎　赤木野々花(NHKアナウンサー)
澤部 佑　宮崎美子　森岡 浩(名字研究家)

監修 ○ 森岡 浩(名字研究家)　笹原宏之(日本語学者・漢字学者)

取材協力 ○ 茂木健一郎　金田一秀穂　牧野恭仁雄
井藤伸比古　藤井澄子　小浦宏美

神宮司廳(伊勢神宮)　藤白神社　熊野速玉大社
秋田県羽後町鈴木家住宅　高草山林叟院
サンフランシスコ禅センター　福井県鯖江市教育委員会文化課
石川県能美市下開発町　モリシタ
斎宮歴史博物館　三重県明和町　日本音響研究所
井上ぼたん堂　長谷寺湯元 井谷屋　国立国会図書館
東京都立中央図書館　津田梅子資料室

CG制作 ○ 鈴木 哲(スガタデザイン研究所)
美術デザイン ○ 清 絵里子

リサーチャー ○ 今泉由香　岡 友紀子　渋井ゆり子
フォーミュレーション
構成 ○ 樋口卓治　山本宏章

ディレクター ○ 鹿島真人　酒井邦博　平尾直志　木村和穂　石上了子　高見大樹

総合演出 ○ 田中涼太
プロデューサー ○ 糸瀬昭仁
制作統括 ○ 水髙 満　国見太郎　亀山 暁

特別対談 人名探究バラエティー 日本人のおなまえっ! 古舘伊知郎×赤木野々花

お名前、名字の秘密がわかると、より豊かな生き方ができる!

『人名探究バラエティー 日本人のおなまえっ!』。
MC はマシンガントークを真骨頂とするベテラン、古舘伊知郎さんと、
バラエティー番組レギュラー初担当の赤木野々花アナウンサーです。
二人の軽妙、絶妙なやりとりも醍醐味のひとつ!?
この本を200%楽しんでもらうために、
お名前、名字のおもしろさについて、番組の魅力について、
縦横無尽に語り合ってもらいました!

お名前にはロマンがある！

古舘　『日本人《にっぽんじん》のおなまえっ！』、周囲から結構、おもしろいって言われていませんか？

赤木　よく言われます。それに、ちょっと意外だったんですが、同年代の人たちに観ていただいているようなんです。

古舘　赤木さんたちの世代もよく観てくれているようです。最初、50代以上の私たちの世代の人たちが、自分の名前の由来、歴史を探りたくて、観てくださるんだと思っていたんです。若い世代の人は名前が記号化していて、ニックネームで呼び合うから、そんなに興味がないのかと考えていたら、完全に予想をいい意味で裏切られました。

赤木　普段、お名前、名字を何気なく口にしていますが、この番組をやらせていただいて、いろいろな意味が秘められていることを知って、本当に驚きの連続です。

古舘　だから、お名前、名字はおもしろい。何気なく、記号として使っていますが、友だちや自分の○○さんという名字には、こういう歴史があり、ご先祖様のこんなメッセージが込められ

お名前には過去からの
メッセージが
込められている！

古舘伊知郎

Ichiro Furutachi

ている。一族の歴史とメッセージが込められているから、ロマンがあるんですよ。若い世代の方々もアイデンティティを探るきっかけとして、お名前や名字に興味を持っていると思います。「なんで私の名字は斉藤なの?」「なぜ『齋藤』でなく、『斉藤』なの?」と疑問に思っていたことに、この番組はひとつの解答を提示しています。

赤木　知り合いからも、名字は身近なものなのに意識してなくて、意味を知らなかったと言われたことがあります。一方、お名前や名字は由来がメインになってくるから、レギュラー番組でネタが続くのかとも、言われるんですけれど……。

古舘　名前、名字は記号という固定観念から言うと、ネタは続かないでしょう。例えば、古舘の由来、赤木さんの由来を一度扱ったら、繰り返しになる。逆に、珍しい名前、むずかしい読みの名前だと、自分たちとは関係ないから、一般視聴者の興味が湧《わ》かないことになるという。

赤木　私も、正直、最初はちょっと、そう思っていたんです。

古舘　ところが、そうでもないんですよ。由来だけでなく、「ｐａｒｔ５　不思議な読み方名字」のような難読の名字、「ｐａｒｔ

普段、気づかないことがお名前から見えてくる気がします!

赤木野々花
Nonoka Akaki

6　○子さんお名前盛衰記」や太郎さんなどのお名前を扱った回も、すごく評判がいい。

赤木　「ｐａｒｔ５」で取り上げている、八月一日さんや薬袋さんという名字、最初、どう読んでいいのかまったくわかりませんでした。正解は「ｐａｒｔ５」を読んでいただきたいんですが、なぞなぞの領域に入っていますよね（笑）。

いろいろな由来があることも魅力！

古舘　大学時代、アルバイトしていたお店の店長さんは、無敵《むてき》さんという名字。弱々しい人でしたけれどね（笑）。そして、無敵さんという名字にもさまざまなドラマが秘められているんですよ。まず、下関の餅屋の倅《せがれ》が長州征伐のときに奮戦、奇兵隊の高杉晋作に「無敵幸之進勝行」という名を贈られたという伝説が残っています。その一方、大島屋という引き味噌屋の倅、幸吉が長州征討で石を投げて、戦功を大いにあげて「投石幸三郎」という名前をもらった。そして、その後、戊辰《ぼしん》戦争で戦死したんですが、大胆で勇敢な戦いぶりが讃《たた》えられ、故郷の神社に祀られるときに「無敵幸之進」とおくり名をされた説もあるんです。どちらが正しいかはわかりませんが、すごくエキサイティングです。

赤木　ひとつの名字の由来に、いろんな説があるのもおもしろいんですよね。

古舘　無敵さんのように、レアな名字も奥深い由来があって、深掘りできますから、ネタが尽きることはありません。それに、名字は日本人のルーツにもつながり、枯渇することはまったくなく、石清水《いわしみず》のようにこんこんと湧き出てくる。「ゆく河の流れは絶えずして、しかももとの水にあらず。淀みに浮かぶうたかたは、かつ消えかつ結びて、久しくとどまりたるためしなし。世の中にある人とすみかと、またかくのごとし」。名字とは鴨長明の『方丈記』のこの一節のよう……で、ちゃんと聞いてくれてますか、赤木さん！

赤木 すみません。超流暢《りゅうちょう》な古舘さん節に魅せられて、ぼーっとしておりました（笑）。でも、本番中、私の細かい動きにも目を配ってくださっているんです。不慣れなので、テンパったり、次の段取りを考えていたりすることもあるんですが、いつも指摘してくださって。本当に、ありがたく思っております。

日本はふり漢字の文化の国だった!?

古舘 私がこの番組をやらせてもらって思うのは、日本人は融《ゆう》通無碍《ずうむげ》だということ。例えば、「W杯」と書いて「ワールドカップ」、「五輪」を「オリンピック」、「本気」を「まじ」と自然に読んでいます。そういうことを当て字というけれど、厳密にはふり仮名ならぬ、ふり漢字なんですよ。そして、ふり漢字の名字はすごく多くて、この番組をやらせていただいて、日本はふり漢字の文化の国だと、初めて知りました。中国から漢字が来て、もともとある日本の言葉に漢字をふっていった。いわゆる万葉仮名ですが、音《おん》が主役であって、後で漢字をふっていた。いま、男の子の名前で大人気の「大翔」くんもそれに近いと思います。

赤木 「大翔」くんの読みは、「だいしょう」「だいき」「やまと」「つばさ」「たいが」「まさと」「おうが」「ひろと」……とすごくたくさんあるんですよね。

古舘 大きく翔《と》ぶ。いい名前ですが、「やまと」という音で名づけ、「大翔」という漢字でそう読ませる。中国は漢字の読み方は厳密なルールがあります。

こんなに自由な読み方ができるのは日本だけですが、名前から、日本独特な文化のかたちが見えてくると思うんです。

赤木　そういうことは、「part6」にあるように、公家《くげ》訓《よ》みから始まったという。○子さんが増えすぎて、個性をだすためにいまのキラキラネームみたいに、自由な読み方をするようになったそうですからね。ただ、私たちが本来の漢字でない読み方で、名前を自然と読んでしまうのは、どこかでそういう文化が刷り込まれているんだと思います。意識でなく、無意識に行っているのは、本当に不思議なことです。そういう意味では、普段、気づかないことが見えてくる気がします。

潜在意識をノックされている気分!?

古舘　潜在意識をノックされているようなね。潜在意識には、もしかしたらご先祖様の指令があるのかもしれません。精神的なDNAに突き動かされて、文字にしているのかと想像したりしているんです。お名前の番組には、そういう深いところがあるという。普通に生きてると、名字の由来とか意識しませんからね。私も古舘という名字の由来も正直、この番組で知ったんです。赤木さんもそうですよね。

赤木　そもそも、赤は太陽が昇るときの明るさを表わしているという。それで、木ですね。

古舘　ずいぶん、ざっくりしてますね（笑）。「赤」の語源は「明るい」という意味の「あかし」から来ていますが、やがて、色の赤さをさすようになりました。それで、古舘の由来としては、もともと、「館」と異体字「舘」「舘」は家とか館の前に土塁をつくり、外敵を見張っていたところ。敵から永らく地元を守っていたから、古舘が名字になった。素晴らしい由来かと思いきや、別の先生のお話を聞くと、外敵から身を守ってきた主《あるじ》が逃げ出し、空き家になった古い館、砦《とりで》に入り込んで暮らした人が古舘を名乗ったという。

赤木　それは、この番組のレギュラー出演者、名字研究家の森岡浩先生の説ですよね（笑）。

古舘　赤木さんもあかぎさんではなく、あかきさんと濁《にご》らない。これはなぜなんでしたっけ？

赤木　わからなかったんです。古舘さんもふるだちさんでなく、ふるたちさんですよね。

古舘　古館と古舘、古舘は東北、とくに岩手県に多いんです。ただ、たいがい「ふるだち」と読むんです。ところが、佐賀県辺りにも古館一族はいて、ここではほとんどが「ふるたち」です。しかも、古館よりも、古舘のほうが人口が多いんです。

赤木　この番組で初めて知りましたが、名字の読み方として、東日本は濁音が多く、西日本では清音が多いんです。古舘さんも、西日本出身だったんですね。

古舘　今度、なぜ赤木《あかき》さんなのか番組で追究してみましょう。

赤木　私は岡山県出身なんですが、実家の周りに5〜6軒、赤《あか》木《き》さんがいるんです。子どもの頃から赤木《あかき》さんが普通な環境で育ったので、赤木《あかぎ》さんとの違いなんて、考えたこともありませんでした。それに、そういう疑問を抱いたところで、いったい、どうやって調べればいいのか……。でも、この番組には森岡先生という、名字のすごいプロフェッショナルがいらっしゃるので、秘密に迫っていけるかもしれませんね。なんか、ちょっとわくわくしてきます（笑）。

古舘　赤木《あかき》さんだと自然に受けとめていたんですよね。しかしながら、違う場所に行くと、赤《あか》木さんでなく、赤木《あかぎ》さんと読むことが当たり前だったりする。自分たちの常識が、ところ変われば品変わる、のごとく、非常識になることもおもしろい。

固定観念から離れられる！

赤木　東海林さんは山形では９割が東海林《とうかいりん》さんと読むという。

古舘　荘園の管理人、荘司《しょうじ》だった東海林《とうかいりん》さんが山形から秋田へ移って東海林《しょうじ》さんと呼ばれ、それが全国に広まった。東海林さんもスタッフはよく調べてましたが、「ｐａｒｔ４」の日本全国の全市区町村、１８９６自治体への電話調査には心底、驚いた。民放はあそこまで徹底的に調べませんよ。ＮＨＫの底力というか、スタッフのご苦労あってのことですが、素晴らしい環境で仕事ができています。

赤木　山田さん回もそうでしたが、お名前、名字に対するイメージが変わります。山と田んぼ、平凡な名字かと思いきや、平凡へのとらえ方が昔と違っていたり、意外なことばかりでした。

古舘　昔は平凡が最高だったんですよね。お名前、名字に込められたメッセージは過去からのものだから、いまの常識で考えると、わからないことも多い。でも、逆にいまの常識から離れると、見えてくるものがある。

赤木　お名前、名字の意味を知ることで、固まっていた考え方、固定観念から離れることができるような気もします。

古舘　壮大な歴史の流れのなかで、理由《わけ》あって、ご先祖様が新たな土地を開拓したりして、名字を生きる知恵にしていたこともあります。赤木《あかき》さんと赤木《あかぎ》さんにも、何らかの秘密があると思います。そういう日本人の延々と続く営みが、この番組から見えてきます。ということで、とってつけたように付け加えますが、そういう理由《わけ》で、この本も絶対、おもしろいですよ（笑）。

PROFILE

Nonoka
Akaki

1990年8月8日、岡山県岡山市生まれ。慶應義塾大学総合政策学部卒業。5歳から始めたハープでは、数々の受賞歴、入賞歴がある。2013年にNHKへアナウンサーとして入局。徳島放送局へ配属され、『とくしまニュース845』などを担当する。2015年に大阪放送局へ異動、『ニュースほっと関西』のキャスターなどを務めた。2017年に東京アナウンス室へ異動、現在『NHKニュース　おはよう日本』の5時台、6時台のキャスターとして隔週で出演中

Ichiro
Furutachi

1954年12月7日、東京都北区生まれ。立教大学経済学部経済学科卒業。1977年に現在のテレビ朝日へアナウンサーとして入社。入社直後から担当した新日本プロレスの実況中継の「過激実況」が人気を呼ぶ。1984年に退社、フリーに転身。NHKと民放キー局5社のすべてでレギュラー番組を持つ。2004年4月から12年間、『報道ステーション』(テレビ朝日)のメインキャスターを務めた。現在、バラエティーやトーク番組のMCとしてレギュラー多数

鈴木さんは平凡ではない！

part 1

日本人のおなまえっ！

鈴木さんは平凡ではない！

名字はご先祖様からのタイムカプセルだった！

日々、暮らす私たちの生活のなかには、「名字」というものがあります。私はこの名字のなかにある発見をしました。というか、この番組のスタッフから「名字には先人たちからのメッセージが込められている」とサジェスチョンを受けて、気づいたことがあったのです。それは、名字というものは、私たち日本人がどこから来てどこへ行くのか？ そのヒントがいっぱい詰め込まれた「タイムカプセル」だということです。例えば、山崎という名字。どう読むのかで、その人の出身地がだいたいわかる。「やまざき」なら東日本、「やまさき」なら西日本。そこにはきちんとした理由、由来、歴史的な背景があるんです。過去・現在・未来は直線上に推移しているように思いがちですが、一方、同じ時空間に広がっているという考え方もあります。螺旋《らせん》状に動いていて、繰り返しの連続なのかもしれません。だから、こんな言葉もあります――「過去は新しい、未来は懐かしい」。そういう意味では、名字というものは、未来の私たちの生き方を指し示しているのかもしれません。「鈴木」は平凡な名字に思えます。私たちの周りに、鈴木さんは何人もいて、普通に存在しています。でも、「鈴木」という名字のことをよくよく調べて、考えてみると……。なぜ鈴木は多いのか？ どういう由来なのか？ なぜ〝鈴の木〟と書くのか？

考えれば考えるほど、謎が多いことに気づきます。「鈴木」というタイムカプセルには、どんなものが詰まっているのでしょうか？ 紐解《ひもと》いていくことにしましょう。

鈴木一族の総本家、藤白神社。鈴木さんが記名すると藤白鈴木家の家系図がもらえる

「鈴木」は謎だらけの名字！〝鈴の木〟とはどういうものなのか？

「鈴木」という名字を持つ人は日本全国で175万人以上！「日本の名字ランキング」でも堂々、2位に輝いている（名字研究家・森岡浩氏調べ）。

そのため、「鈴木」は平凡な感じがするが……実は「鈴木」という名字は謎だらけで、とてもユニークだ。まずは、驚きの由来から探っていくことにしよう。秘密は紀伊半島にあった。

和歌山県海南《かいなん》市の藤白《ふじしろ》神社。この神社に鈴木さんのルーツがあると考えられている。神社には、鈴木さん専用のお守り、専用の芳名録（参拝者名簿）もある。そのため、全国から年間1000人以上の鈴木さんたちが訪れているという。

和歌山県熊野地方で元祖、初代・鈴木さんを発見！

注目すべきは、神社に「鈴木

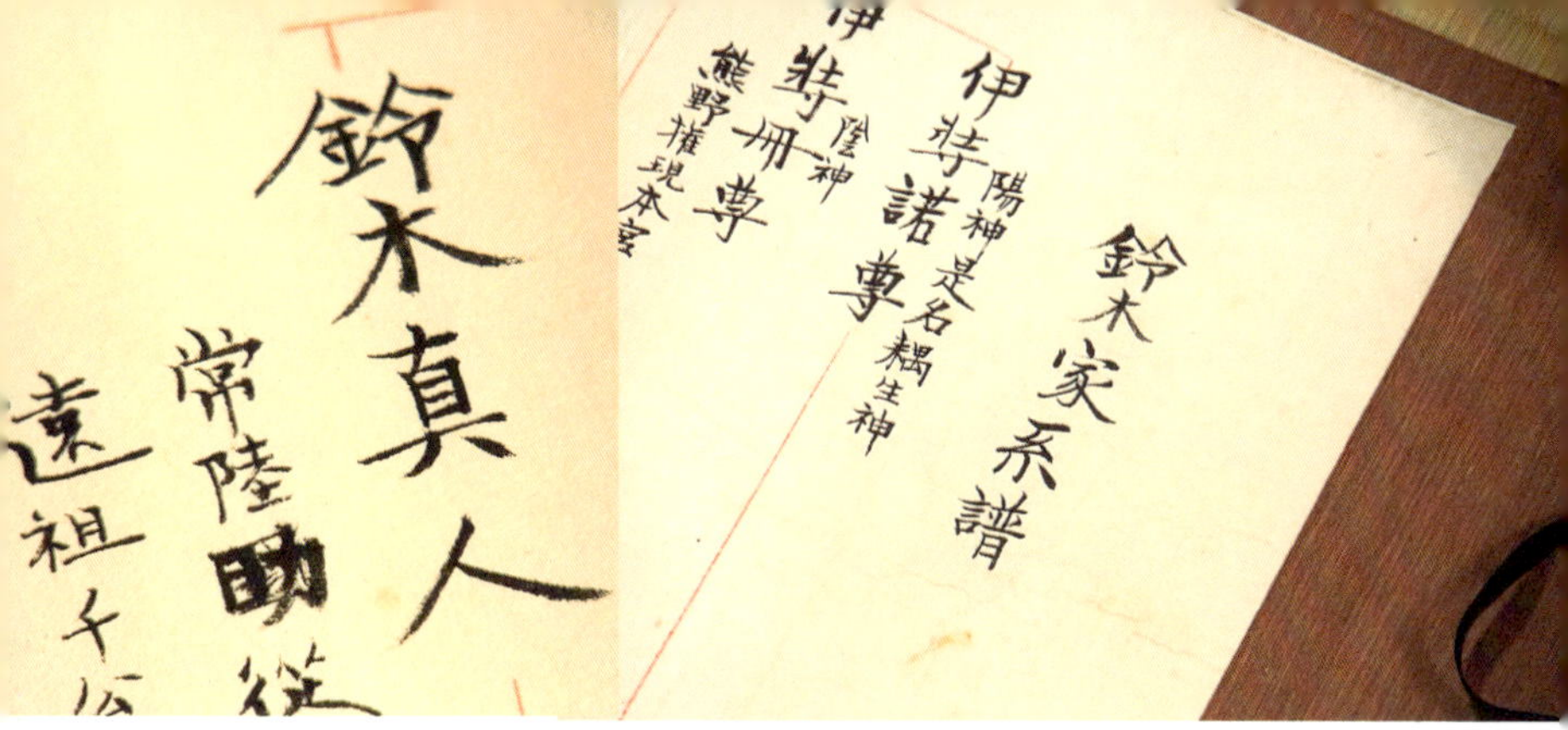

藤白神社に伝えられている「鈴木家系譜」。900年代に「鈴木」という名字が登場する

家系譜」が伝えられていることだ。ここには122代にもわたる鈴木さんゆかりの氏名が記されていて、長さはなんと20m。もちろん、これは最古の「鈴木」さんに関する記録である。この系譜は『古事記』『日本書紀』の神話世界から始まっている。初代は伊弉諾尊《いざなぎのみこと》と伊弉冉尊《いざなみのみこと》、2代は天照大神《あまてらすおおみかみ》。「神」から始まるという系譜だ。

天照大神の弟と記されている速玉男命《はやたまのおのかみ》には「熊野権現新宮《くまのごんげんしんぐう》」と説明がある。伊弉諾尊、速玉男命は熊野本宮大社で祀られているが、この一族はもともと熊野・新宮出身。平安時代末期、1150年に鈴木家25代の重秀が熊野古道の玄関口・藤白に移り住んだ。この「鈴木家系譜」に鈴木という名字がはじめて出てくるのは900年代のことだ。平安時代初期、「鈴木真人《まひと》」という人物に「始メテ鈴木卜号ス」と記されている。

天皇の命によりまとめられた豪族の名簿『新撰姓氏録《しんせんしょうじろく》』(815年)には「鈴木」という名字は登場していない。鈴木真人さんこそ、初代の鈴木さんだと考えられるのだ。ただ、初代の鈴木さんはなぜ、「鈴木」と名乗ったのか?

熊野地方の方言で「スズキ」

とは、刈りあげた稲わらを積み重ねた「わら塚」のこと。『角川国語大辞典』にも「わらや稲束を積み上げたもの」と記されている。そして、「スズキにする」と言うと、「稲わらを積み上げる」という意味になる。

　この地方では、秋に稲穂が実ったらスズキにして、お宮の鳥居のしめ縄にしているのだ。

　刈りとった稲わらを積み上げることは、種籾《たねもみ》に魂を宿らせて、五穀豊穣《ごこくほうじょう》を祈るという意味もある。鈴木さんは代々、神様に収獲を保証してもらう神事を行う神官を職業としていたのだ。さらに、「鈴木家系譜」をさかのぼっていくと、右のように「穂」を重ねた「穂穂」という姓があった。読み方は「ほづみ」。わら塚のことを意味する。

　結論。「鈴木」はわら塚の熊野地方の方言「スズ・キ」を「鈴・木」と漢字にした当て字だったのである。鈴木は稲作文化を象徴し、歴史的価値が高い、日本ならではの名字なのだった。

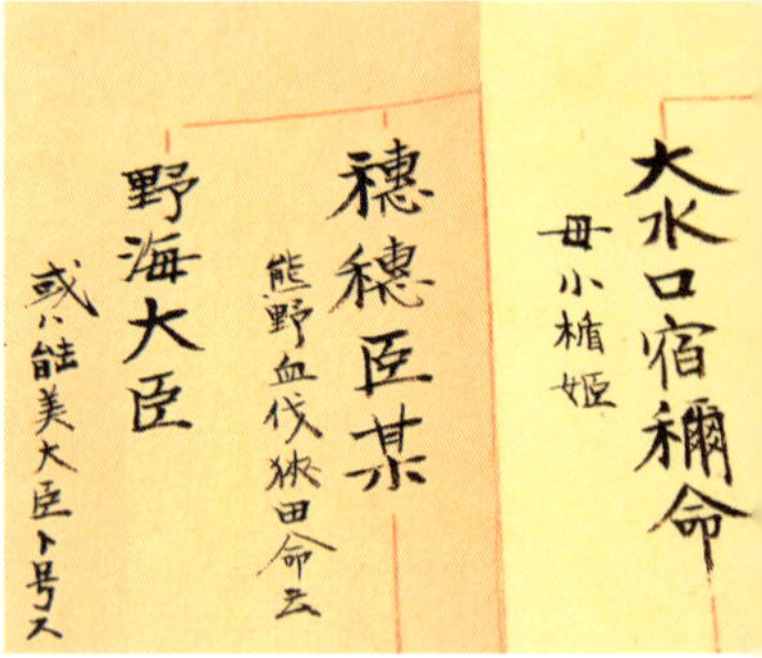

鈴木家の家紋は下の「抱き稲」など、稲穂がモチーフによく使われている。これも鈴木と稲穂が密接な関係にあることを示す証拠だ

森岡 浩の

日本人のおなまえっ！ 知っ得情報

鈴木さんは、

西日本出身なのに、なぜか
鈴木さん人口は東日本のほうが多い!?

下の日本地図は、鈴木さん人口の都道府県別の順位を、日本地図上で色分けしたものです。

鈴木さんのルーツは紀伊半島にあるのですが、東日本では長野県と青森県を除いてトップ10に入っている一方、西日本でトップ10に入っている県はひとつもなく、東日本に偏《かたよ》っている名字であることがわかります。

西日本では、沖縄県だけでなく、島根県、佐賀県、熊本県でも301位以下というかなり低い順位となっています。

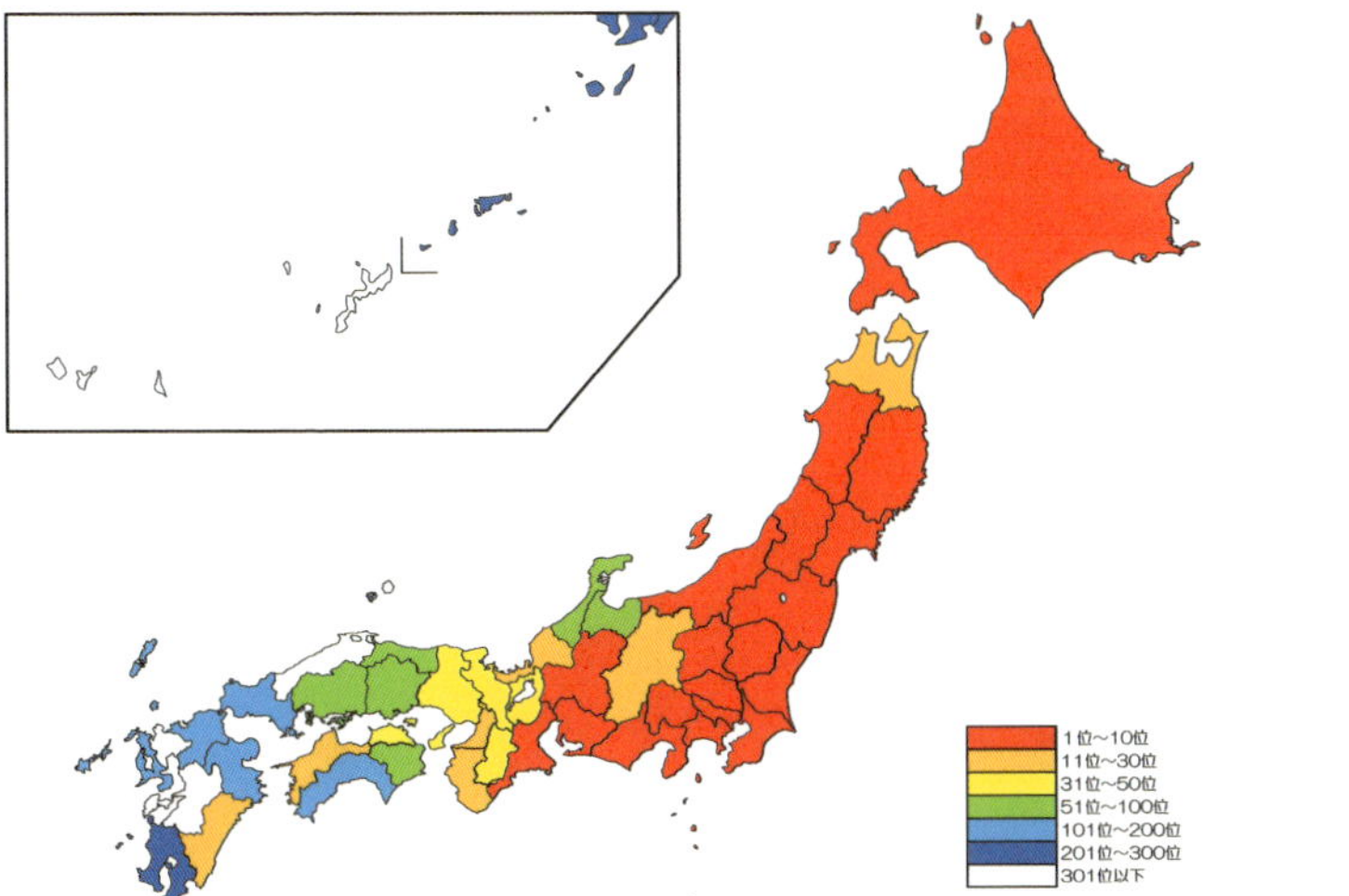

© Hiroshi MORIOKA

鈴木さんは全然、平凡ではなく、実は超個性的な名字だった！

歴史教科書に「苗字帯刀」という言葉が載っていたように、江戸時代は名字を持つことは武士や貴族の特権とされていた。1870年（明治3年）の平民苗字許可令で誰でも名字を持つことが公式に許されるようになったが、それはあくまでも公式のものとしてだ。

最近の研究では、江戸時代以前、庶民も名字を持っていたことがわかってきている。

しかも、現在の名字よりも、ずっと気軽なもので、自由に名字を変えていた。江戸時代以前はいわば通り名の名字、自称の名字だったので、芸能人や作家が芸名やペンネームを変えるように、法的な手続きは一切、必要ない。なので、庶民は自由に名字を変えていたのだ。

例えば、住んでいる地形や地名にあわせて、変えることも多かったという。次ページのイラストのように、川の上に住んでいた「川上」さんが下流に移り住めば「川下」さん、田んぼの北に住んでいる「北田」さんが南の田んぼの近くに移り住めば「南田」さんと名乗るというように、気ままに名字を変えていた。町中、村中が同じ名字になると不都合が起こるので、分家するときなど、名字を変えるケースは多かったようだ。

鈴木さんの由来は、とってもレアだった！

鈴木さんのように当て字が名字になったケースは珍しい。

左の表は「名字ランキングトップ10」を由来別に色分けしたものだ（森岡浩氏調べ）。赤は当て字が由来の名字だが、このなかには、鈴木さんしかいない。

色別の「紫」は藤原氏ゆかりの名字。1位の佐藤さんは「左《さ》衛門尉《えもんのじょう》」（飛鳥《あすか》時代後期から採用された律令制の官職のひとつ）という職位に就いた藤原さんという説がある。6位の伊藤さんは伊勢国の藤原さん、10位の加藤さんは加賀国の藤原さんだ。青の高橋さん、渡辺さん、中村さんは「地名」に由来。高橋さんは大和国《やまとのくに》添上《そえかみ》郡（現在の奈良県）、渡辺さんは摂津国《せっつのくに》渡辺郷（大阪府）がルーツだ。

緑の田中さん、山本さん、小林さんは住んでいた場所の「地形」「風景」に由来。田中さんは田んぼ周辺、山本さんは山のふもと（本）、小林さんは小さな林の近くに住んでいた。

そんななか、当て字の鈴木さんはレアな由来なのだ。

名字ランキング TOP10

1位	佐藤	6位	伊藤
2位	鈴木	7位	山本
3位	高橋	8位	中村
4位	田中	9位	小林
5位	渡辺	10位	加藤

名字のルーツとしては、他に東さんなど方位や方角に由来、犬飼や大蔵など職業に由来、主君などからもらったことに由来、梵（そよぎ）や無着（むちゃく）など僧侶に由来するものなどがある。ランキングは森岡浩氏調べ

全国の鈴木さんたちが集う、「鈴木サミット」が開催されていた！

藤白神社の境内には「鈴木屋敷」が残されている。25代当主・重秀から代々、鈴木本家が住む邸宅、全国の鈴木さんたちの総本家だ。ただ、現在の藤白神社の神主は吉田昌生さん。江戸時代の元和《げんな》年間（1615〜1624年）に、鈴木家から吉田家に交代したのだという。鈴木本家は1942年（昭和17年）に最後の当主・鈴木重吉が亡くなって途絶えたが、藤白神社の主祭神「饒速日命《にぎはやひのみこと》」は全国の鈴木一族の氏神だ。そのため、神主の吉田さんの〝鈴木愛〟は強く、鈴木さんの全国組織、藤白鈴木会の事務局長を務め、数年おきに「全国鈴木サミット」を中心になって開催している。

鈴木サミットが開催されるようになった理由

「鈴木サミット」が開かれるきっかけは、1982年（昭和57年）1月。JR西日本が紀勢本線に大阪・天王寺《てんのうじ》駅から海南駅まで特別列車を走らせて、NHKが正月特番で「全国鈴木さん初詣で」を放映。当時人気絶頂だった鈴木健二アナウンサーの藤白神社への参詣風景を放送した。このことで一躍、海南市の藤白神社が〝鈴木さん発祥の地〟として全国に知れ渡ったのだ。

そして、第1回全国鈴木サミットが1998年（平成10年）、秋田県雄勝郡《おがちぐん》羽後《うご》町の国指定重要文化財、鈴木家住宅で開催された。東北の鈴木家は源義経の家臣、鈴木重家《しげいえ》が秋田へ落ち延び、土着、帰農したのが発祥とされる。第1回は東北鈴木家の先代45代当主、鈴木杢之助さんが呼びかけ人の一人となり、全国から約120人が参加した。

鈴木サミットは藤白神社では第2回(99年)、第4回(02年)、第5回(04年)、第7回(13年)と、これまで4回開催。第7回全国鈴木サミット(全国鈴木サミット&鈴木フォーラム)の参加者は過去最多、2日間で延べ900人超にも及んだ。老朽化して、朽ちかけた鈴木屋敷復元のための寄附も呼びかけられ、現在、2020年を目途に修復計画が進んでいる。なお、この第7回には、自動車メーカー、スズキの鈴木修《おさむ》会長兼社長も参加して、基調講演「スズキの海外進出」を行った。

写真上より、藤白神社の境内にある鈴木屋敷、江戸時代の『紀伊国名所図会』の鈴木屋敷（ともに藤白神社HPより）、藤白神社の神主・吉田昌生さん、秋田県羽後町の鈴木家住宅（鈴木家住宅HPより）、第7回全国鈴木サミット（藤白神社）

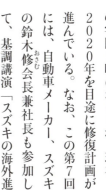

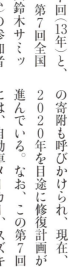

熊野速玉大社。熊野三山は他に熊野本宮大社、熊野那智大社

全国に約175万人の鈴木さん。なぜこんなに増えていったのか？

たった一人から始まった鈴木さんはいまや全国に約175万人。鈴木さん人口はなぜ、こんなに増えたのか？

和歌山県新宮《しんぐう》市。熊野三山のひとつ、熊《くま》野《の》速玉《はやたま》大社《たいしゃ》。神主の鈴木守和さんは鈴木さんが広まった理由をこう語る。

「熊野信仰、熊野権現が全国に広まるなか、鈴木一族も全国に広まっていったんだと思います」

熊野信仰は1000年以上前、この地で生まれたとされる山岳信仰のことだ。朝廷からも信仰を受けていたため、ブランド力があり、熊野信仰のイメージは高かった。そして、鎌倉時代には、鈴木さんたちが熊野信仰を広めようと全国に飛び出していき、熊野信仰を取り仕切る一大勢力となっていったのだ。

当時の日本は争いが絶えず、“末法《まっぽう》思想”が蔓延していた。仏教では「正法《しょうぼう》」「像法《ぞうぼう》」「末法」と3つの時代に分け、時代が進むごとに釈迦の功徳が弱まり、災難が起こると考えられていた。鎌倉時代は「像法」が終わり、「末法」が始まる時代。そのため、

熊野信仰の全国展開とともに鈴木さんも増えた。右は熊野速玉大社の神主、鈴木守和さん

人々は不安にとらわれていた。

フランチャイズ方式、高いブランド力が奏功！

鈴木さんたちは全国に散らばった先々で熊野神社を建立《こんりゅう》。「熊野権現がある土地には鈴木さんがいた」（鈴木守和さん）

そして、「熊野神社に詣でれば、極楽浄土にいける」と説いたのだ。この教えは、人々の心をどんどん捉えていった。熊野信仰にはブランド力があるから、鈴木さんという名字のブランドイメージは高い。熊野信仰に感銘を受けた人々は鈴木さんにあやかり、熊野への憧れも込めて、次々と鈴木を名乗り、鈴木さんを名乗る人々は加速度的に広まっていったのだ——こうしたことが、全国各地で起こっていた。

「そのブランド力と一緒に鈴木さんと熊野神社が一緒に全国、とくに東日本に広がっていったと思います」（名字研究家・森岡浩氏）

いわば全国展開のフランチャイズ方式で、鈴木さんは広がっていったと考えられる。

救いがない時代、人々は救いを求めていた——「鈴木」という名字には、苦しい時代を生き抜こうと模索していた日本人の姿が密《ひそ》やかに刻まれていたのだ。

関東・東海に鈴木さんを広めたのはあの徳川家康だった！

室町時代以降、鈴木一族は全国にその勢力の拡大を続けた。そして、その裏で糸を引いていたのは、あの徳川家康だった⁉

熊野信仰と結びついて栄えた鈴木一族。なかでも、もっとも勢いがあったのが三河国だった（現在の愛知県東半部）。

三河鈴木家の初代は鈴木重善《しげよし》という人物だ。重善は源平合戦（治承《じしょう》・寿永《じゅえい》の乱）で源氏勝利に貢献したことで知られる鈴木重家、亀井重清《しげきよ》兄弟の叔父である。そして、鈴木重善、重家、亀井重清は、あの源義経の臣下だったのだ。

ただ、義経は源平合戦後、源頼朝と対立して、奥州に逃れようとした。重善は義経を追って東上していったのだが、脚を痛めて三河国矢作《やはぎ》（現在の愛知県岡崎市矢作町）で足止めされた。そこで、源義経や鈴木重家、亀井重清が討死にしたという誤報を聞いて、奥州行きを諦めて、土着したとされるのだ。

重善はやがて善阿弥と名乗り、三河鈴木氏の初代当主として熊野権現を建立した。

以後、三河鈴木家は勢力を拡大していき、鈴木という名字が三河国の武家にどんどん広がっていった。室町時代、三河鈴木家は58家もあったという。

三河鈴木家の末裔《まつえい》が東日本で一大勢力に！

三河鈴木家の多くは徳川家の前身・松平家の草創期から家臣となっていった。さらに、徳川家康は天下統一を遂げる途上、三河鈴木家を次々と臣下に抱えていったのだ。

家康は豊臣秀吉から関東を領地にもらい、臣下の鈴木一族を従えて、東へと向かった。また、東上するなか、道中の途中の地に土着する鈴木一族もいたと考えられる。

そして、三河鈴木家の多くは江戸時代、徳川家の旗本や御家人になり、関東をはじめ、東日本各地に領地をもらい、その地に根付いていった。

実際、江戸幕府が編修した大名や旗本の家譜集『寛政重修諸家譜』によると、徳川家に仕《つか》えていた家臣の名字は「鈴木」が最多だ。

現在、群馬県を除く関東・東海8都県で「鈴木」がもっとも多い名字となっている。

前述のように、鈴木一族の発祥は紀州・熊野。つまり、鈴木さんは西日本出身なのに、東日本のほうが人口が多い。さまざまな理由があるが、徳川家康、徳川家の功績(?)が大きいのかもしれない。

家康とともに東上した鈴木一族は東日本に勢力を定着。『寛政重修諸家譜』では鈴木姓の家臣が最多。(国立国会図書館／日光東照宮宝物館蔵)

源頼朝《みなもとのよりとも》に「の」がつくのに、
徳川家康《とくがわいえやす》に「の」がつかない理由は?

源頼朝《みなもとのよりとも》には名字の後に「の」が入っていますが、頼朝と同様、幕府を開いた足利尊氏《あしかがたかうじ》、徳《とく》川家康《がわいえやす》は「の」が入っていません。

これはなぜなのでしょうか?

現在の常識で考えると、「源」と「足利」「徳川」は同じ名字ですが、実はもともとは別ものだったのです。源義経《みなもとのよしつね》や平清盛《たいらのきよもり》、藤原道長《ふじわらのみちなが》、菅原《すがわらの》道真《みちざね》のように「の」がつくのは天皇家から与えられた「姓《せい》」と呼ばれる公式なファミリーネーム。一方、足利や徳川などの「名字」は自らの意思で名乗ったプライベートなものだったのです。

源頼朝の「源」は姓、尊氏の「足利」と家康の「徳川」は名字で姓はともに「源」です。そのため、尊氏も家康も正式な書類には「源」姓で署名していました。

このようにオフィシャルな姓の後には「の」がつき、名字の後には「の」がつかないのが原則です。ですから、源頼朝には「の」がつき、足利尊氏、徳川家康には「の」がつかないのです。ただ、例外はあり、豊臣秀吉《とよとみひでよし》の「豊臣」は天皇から賜った姓《せい》ですが、同時代の織田信長《おだのぶなが》や家康に「の」がつかないため、慣例として「の」をつけて呼びません。

このように、江戸時代以前、一定の地位以上の人の多くは姓と名字の両方を持っていました。元来、日本人のファミリーネームにはさまざまなものがあったのですが、明治政府が戸籍をつ

森岡 浩の  日本人のおなまえっ！知っ得情報

くるときに「氏／名（名前）」をひとつずつ選ぶように決めました。その名残として、名字（苗字）、姓、氏など、いろいろな言い方があるのです。

日本の最初のファミリーネームは、大和政権初期、大王《おおきみ》家（天皇家）に仕えた豪族たちが名乗った蘇我《そが》や物部《もののべ》、中臣《なかとみ》などの一族の呼び名「氏《うじ》」です（「氏《うじ》」と「氏《し》」も別ものです）。その後、臣《おみ》や宿禰《すくね》など豪族の称号、真人《まひと》や朝臣《あそみ》ほか氏族の地位を示す「姓《かばね》」が生まれました。

そして、大王家は天皇家となり、分家を臣下として「姓《せい》」を与えました。やがて、「氏《うじ》」は「姓《せい》」に統合されていきました。「姓《かばね》」と「姓《せい》」はこれも別ものでややこしいのですが、例えば平安時代前期の第56代清和天皇は皇子に源姓《せい》を与えています。いわゆる清和源氏ですが、この源姓《せい》の姓《かばね》は朝臣です。尊氏や家康は清和源氏を出自と称していますので、正式には「源朝臣」を本姓としていたのです。

一方、名字が生まれたのは平安時代中期以降のことです。それは、いわゆる「源平藤橘《げんぺいとうきつ》」姓《せい》を名乗る家が増えすぎたからです。なかでも藤原姓は貴族の圧倒的多数を占めてしまい、他家と区別するために、住んでいる場所や支配していた領地の地名などから、佐藤、伊藤、加藤、斎藤などの名字を名乗るようになったのです。

ちなみに、徳川家康の正式名称は「徳川次郎《とくがわじろう》三郎《さぶろう》 源《みなもとの》 朝臣《あそん》家康《いえやす》」。「徳川」が名字、「源朝臣」が本姓です。名前も二つありますが、これも当時は一般的なことで、「家康」は諱《いみな》（本名）、「次郎三郎」は通称です。なお、27ページに登場した東北鈴木家では、代々の当主が初代の杢之助《もくのすけ》という通称を世襲しています。同じように、いまでも地方の名家・旧家や山本山の山本嘉兵衛《かへえ》、山本海苔店の山本徳治郎《とくじろう》ほか老舗商店では通称を世襲、法律的に改名手続きをとっているところも少なからずあります。

"SUZUKI"は世界で有名? アメリカで徹底調査してみた!

「スズキ」が世界でどれだけ有名かを徹底調査。「日本のトップ10の名字」のなかで知っている名字を、アメリカで1000人に聞いてみた。

43歳で活躍を続けるイチロー効果は絶大!?

表の上は日本の名字ランキング、下はアメリカでのアンケートによる知名度となる。トップ10の順位は、やはり入れ替わる。

そして、アメリカ知名度トップ3は……「ワタナベ(渡辺貞夫)ってジャズプレイヤーがいたね」。「ワタナベは俳優だね(渡辺謙)」。3位は渡辺さん。「ヤマモトは真珠湾攻撃の海軍大将だ(山本五十六)」。「ヨウジ・ヤマモトは有名なデザイナー(山本耀司)」。2位は山本さん。

そして、「スズキはクルマやバイクのメーカー」「スズキ……イチロー」。1位は鈴木さんだった! スズキが断トツで知名度トップだったのだ!!

日本	
1	佐藤
2	鈴木
3	高橋
4	田中
5	渡辺
6	伊藤
7	山本
8	中村
9	小林
10	加藤

アメリカ	
1	鈴木
2	山本
3	渡辺
4	田中
5	伊藤
6	中村
7	高橋
8	佐藤
9	小林
10	加藤

アメリカ知名度ランキング

1	鈴木	478人
2	山本	115人
3	渡辺	75人

日本の名字トップ10とアメリカの名字知名度トップ10。アメリカではスズキが断トツ。

鈴木さんあるあるランキング 1

鈴木のメリット、デメリット

メリット		デメリット	
1位	すぐ覚えてもらえる	1位	別の鈴木と間違われる
2位	下の名前で呼んでもらえる	2位	平凡でつまらない
3位	ハンコが手に入りやすい	3位	名字を覚えてもらえない
4位	悪目立ちしない	4位	マスコミに登場しやすい

あなたの周りにもきっといる鈴木さん。多い名字ゆえの喜びと悲しみとは……。上表が鈴木さんのメリット、デメリットの番組調べによるランキングだ。

このなかで、鈴木さんたちの共感を呼んだのは――「まず、ハンコが手に入りやすいことですね。あと、鈴木さんはクラスに何人もいるから、好きな男子に下の名前で呼んでもらえました」(鈴木奈々さん)。また、こんな声も。「結婚して鈴木になったんですけれど、母の旧姓も鈴木。母がすごく喜んでくれました」(20代女性)、「普通の名前ですから、同姓同名に出会える奇跡がよく起こるんです」(40代男性)。さらに、「海外で鈴木はすぐに通じるから便利です」(40代女性)。世界で活躍する人が多いのも鈴木さんの誇りなのだ。

デメリットとしては――「ファミレスで順番待ち名簿に鈴木と書くと、間違えられそうなので、珍しい名字にしています」(30代女性)、そして、ハンコが手に入りやすいというメリットがある一方、「ハンコが売り切れていることがよくある」(40代女性)。さらに、「結婚式の引き出物の"記入例"が自分の名前だったことがありました。友だちにいじられて、イヤな思いをしました」(20代女性)、「SNSで友だち申請をしても、『あなた、誰ですか?』と言われがち。いちいち説明しないとわかってくれない」(30代女性)。メジャーな名字だからこその悩みも、少なからずある。

鈴木俊隆（1905～1971年）と彼が開いた「サンフランシスコ禅センター」

スティーブ・ジョブズも愛した知られざる偉大な謎の〝スズキ〟

クルマやイチローなど、世界に名をとどろかせている「スズキ」。ただ、「鈴木」が有名なのは、彼らの影響だけではない。日本人があまり知らない、いまもアメリカで伝説として語り継がれている一人の鈴木さんがいる。

アメリカ西海岸。花と霧の都、サンフランシスコに現地のアメリカ人たちが集う「サンフランシスコ禅センター」がある。この〝寺〟を開いたのは、僧侶として初めてアメリカ人に〝禅〟を伝えた鈴木俊隆《しゅんりゅう》。彼の教えはこの寺を超えて、アメリカ社会に広く浸透している――禅の海外普及に関しては、『禅学入門』『禅と日本文化』などの著作を英語で書いた仏教学者、鈴木大拙《だいせつ》（1870～1966年）が知られているが、現地での布教はしていない。

知られざる、日本の禅文化の海外普及の功労者、もう一人の

「Zen is right here.（禅は、いま、ここ）」と鈴木はよく口にしていた。
この言葉に若き日のスティーブ・ジョブズ（右）は心を打たれていたという

鈴木さん、鈴木俊隆はどういう人物だったのだろうか？

　禅について、アメリカで街頭インタビューしてみた。

「禅ね。ゆったりとリラックスして、体の中からエネルギーを感じることよ」。「禅寺に行ったことがあるよ。よく通っている同僚がいて、教えてくれたんだ。ここには瞑想《めいそう》をする場所がたくさんある」。「"It's very ZEN!"ってよく言ったりするわ。穏やかな状態のことだけど、部屋の家具が整っているとか、シンプルにまとまっているときとか、"ゼン"って感じ」。

　鈴木の教えはアメリカ人に受け容れられているのだ。

　鈴木俊隆がアメリカに渡ったのは1959年のことだ。日系人のための寺の住職を数年間、務める予定だった。

　だが、ほどなくして、鈴木は「アメリカ人への禅の布教」という前人未踏の挑戦を始める。

ジョブズなど若者に大きな影響を与えた！

　当時、アメリカはベトナム戦争や人種差別問題などの真っ只中だった。世界一の経済大国の裏側は矛盾にあふれていた。若者たちは社会に激しく反抗、革命を訴えたり、ドラッグに走る者もいた。そんな若者を見かねて鈴木は毎朝、寺を開放。座禅を組む活動を始めた。

時代に翻弄されていた若者たちに、鈴木がよく口にしていた言葉がある――「Zen is right here.（禅は、いま、ここ）」。どう生きるかの答えは、自分のなかにしかない。後にアップル創業者となるスティーブ・ジョブズも若き日、鈴木俊隆の言葉に心を打たれた若者の一人だった。ジョブズは鈴木の本を擦り切れるほど、読んだ。ジョブズと学んだレス・ケイさんは鈴木の教えこそジョブズの発想そのものだったと語る。

「まだ若かったジョブズは、人生の意味を模索していました。そこで夢中になったのが、禅の修行。彼は日本の禅の美しいスタイルをコンピュータの世界で実現しようとしました。彼が目指したのは、シンプルで使いやすくて、美しいデザイン。まさに禅です」

もし、鈴木俊隆がいなかったら……スティーブ・ジョブズはｉＰｈｏｎｅを生み出さなかったかもしれない。

やがて、鈴木はアメリカに骨を埋《うず》める覚悟を決めた。彼はアメリカ人向けに禅道場を建設するために、若者たちにまじって、ともに汗を流した。

鈴木の息子・鈴木乙宥《おとひろ》さんはこう語ってくれた。

「アメリカ人と一緒のほうが生き生きしていた。教えるのではなく、そのなかに入っているのが楽しかったんだと思います」

全身で禅の教えを伝えた、鈴木俊隆。鈴木さんたちは熊野信仰を乱れた世に伝える役割を果たしたが、それと同じような役割を20世紀のアメリカで果たしたわけだ。鈴木俊隆は迷えるアメリカの〝道標〟となった、日本人があまり知らない偉大なる鈴木さんなのだ。

鈴木さんあるあるランキング 2
レアなすずきさん、大集合

すずきさんは、鈴木さんだけではない。「すずき」と読む他の漢字の名字もたくさんあるのだ。

例えば、鱸さん。写真右上の鱸康幸さんはこう語る。

「漢字がむずかしいので、きちんと書いてもらえません。あと、大学時代に同じサークルにスズキという名字が3人もいたため、自分は『魚』と呼ばれていました」

鱸さんはこの回の放送でアシスタントを務めた桑子真帆アナウンサーの鷗友学園女子中学校・高等学校時代の恩師。いまも同校の現役国語教師を務めている。

そして、壽松木さん。秋田県発祥とされる。写真右下、画家の壽松木忠勝さんはこう言う。

「秋田県の佐竹郷で苗字帯刀を許された家系だと聞いています。おめでたいことから『壽』の字を当てたそうです」

もともとは鈴木だったが、「寿寿木」と変わり（壽は寿の異体字）、さらに正月の「松」の縁起のよさで「寿松木」「壽松木」となったと考えられる。

他にも、錫木、鐸木、薄木、壽木、寿々木、寿州貴、寿寿木、寿寿喜、須々木、須々岐、須須木、壽々木、壽州貴、……すべて「すずき」さん！

「日本人はいろいろなものを細かく分けていくタイプと言えます。中国や韓国の人はいろいろなものを統一、収斂させていこうとする。日本人は細かく分け、一つひとつにちょっと違う意味があると、ニュアンスを分けていくのが昔から好きなんです。多様性はそういうものですよね」（早稲田大学社会科学部・社会科学研究科・笹原宏之教授）

東西南北
方角や名字の謎

part 2

日本人のおなまえっ！

東西南北 方角名字の謎

名字から日本人の
暮らしも見えてくる

東さん、西さん、南さん、北さん……知り合いにはいなくても、有名人や映画、小説、漫画にも登場する、わりとポピュラーな名字です。ただ、考えてみれば、なぜ方位方角が名字になったのか？　正直、よくわかりません。名字研究家・森岡浩さんはこうおっしゃっています。「世界的に見ても、東西南北を使った名字は日本にはきわめて多いと思います。つまり、これは日本が農耕民族ですので、日当たりや方角などをすごく気にしていたという。そういうことが、いまの名字にちゃんと残っているんです」。方角の名字の由来を調べていくと、非常に奥行きがある。東西南北を分けることで、古来から、日本ではうまい暮らし方をしてきました。そういう流れが、何百年、いや、ミレニアム、1000年の歴史を持っていたんです。ですから、東西南北をはじめ方位方角の名字を持った方々は、日本の暮らしを代表しているとも言えます。みなさん、共存共栄してきた歴史がある。ただ、その由来や背景は、わからなくなっています。化石のようになっているのです。ですから、ただの石ころのように見えるけれど、きちんと調べてみれば……社会的な意味がわかってくる。名字という約1000年前の化石から、改めて日本人が大切にしてきた暮らしが見えてくるんです。「名字」には生きる知恵がある——東西南北の名字から、このことをいちばん強く感じました。そして、東西南北の名字の謎を探っていくうちに……私、古舘伊知郎の「古舘」という名字の由来も明らかになったのです！

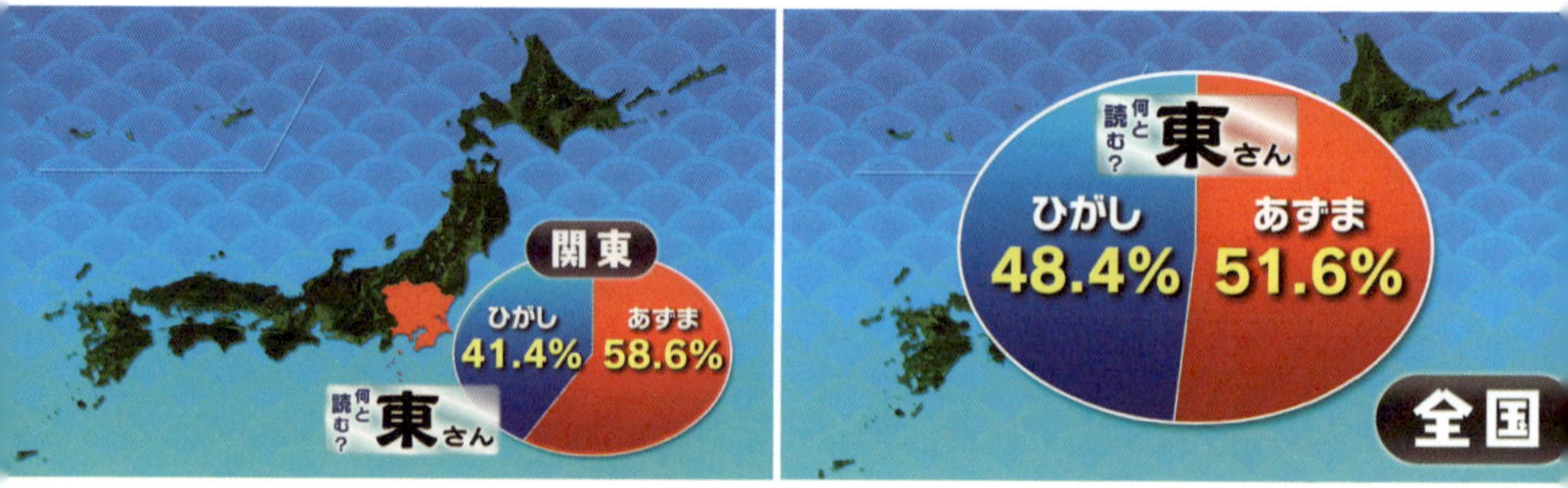

東姓はもともと、本家や集落の中心から東に家があることが由来になった名字だ

「東さん」を「あずまさん」「ひがしさん」どう読む?・全国1500人調査!

「東さん」と書いて、「あずまさん」「ひがしさん」、どう読むのか? 同じ名字のようでいて、完全に同じではない――。

あずまさんとひがしさん、どちらが全国的に多いのか? 番組では「あなたなら何と読む?」と日本全国1500人に聞いて回ったところ……右上の通り、「あずま」51・6%、「ひがし」48・4%と、やや「あずま」が多いが、ほぼ半々だった。だが、調査では意外なことが判明した。なんと、地域によって答えがまったく異なっていたのだ。

東日本では「あずまさん」西日本では「ひがしさん」!?

上のように、関東は「あずま」と答えた人がやや多く58・6%とおよそ6割。ところが、九州では……71・8%と7割以上が「ひがし」と回答した。

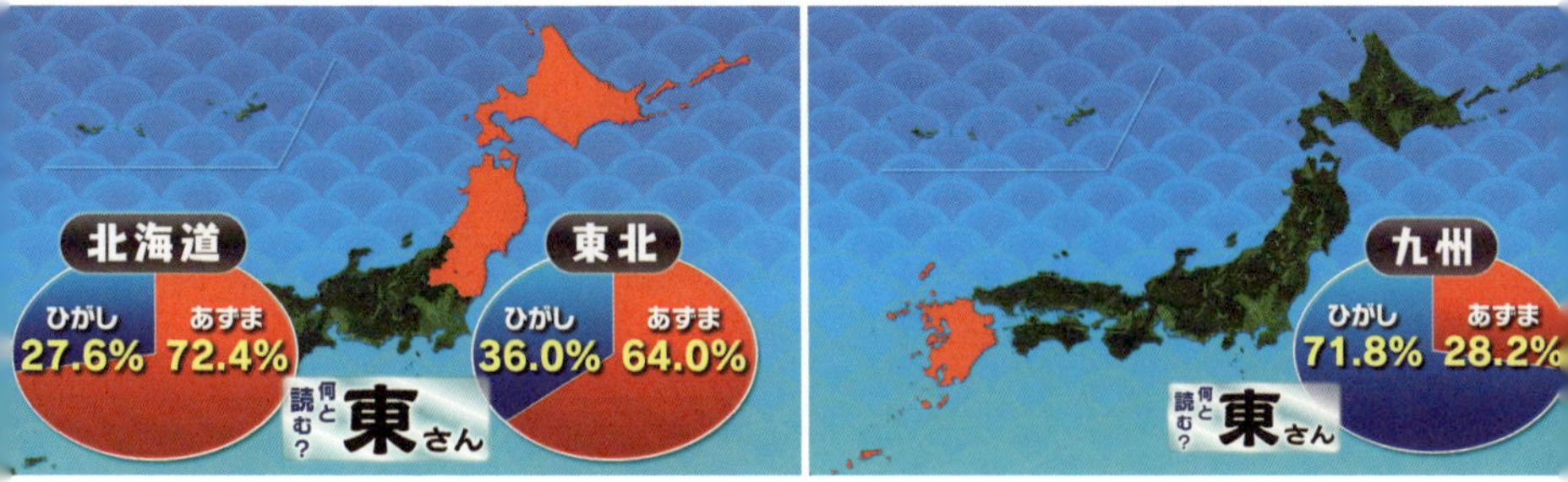

「あずま」は方向だけでなく、鈴鹿の関以東を東国と呼び、あずまと総称していた。そのため、東に行けば行くほど、「あずま」と読むとも考えられる

一方、北上すると……北海道は72・4％と約7割、東北は64％と6割以上が「あずま」だった。全国の結果は上の図の通りだが、おおむね東日本は「あずま」、西日本は「ひがし」と東西で二分された。

ところが……沖縄では驚くべき回答だった。「あずま」でも「ひがし」でもない。「あがり」！　第三の読み方が浮上したのだ！

沖縄では「東」はこの方角から太陽が昇るから「あがり」と読む。そして、「西」は沈むから「いり」。もちろん、他都道府県から引っ越してきた東さんもいるから、「ひがしさん」「あずまさん」もいるが、基本としては「あがりさん」なのだ。

日本語学者、漢字学者の笹原宏之早稲田大学教授はこう説明してくれた。

「もともと日本には文字がなく、中国から漢字が伝わってきました。ただ、その前も日本に住んでいた人たちは、地域によって、違う言葉を使っていた。西日本の人たちは方向の東を『ひがし』と言っていた。それは１０００年以上も前になりますが、名字もそのまま『ひがし』として残ったと考えられます。いわば、化石のように残ったんです」

なるほど、西日本で「ひがし

さん」が多いのは、〝そのまま東《ひがし》〟だったのだ!?

そして、「あずま」はもともと西日本から見て東日本一帯を指す言葉。それが、東日本に住む人ということから「あずまさん」という名字として、東日本に残ったとされる。

語源から考えると、どう読むのかわかりやすい

ところで、「あずま」の「ず」はなぜ「づ」でなく、「ず」なのだろうか? 俳優の東幹久さんは小学校に入学して、しばらく「あづま」と書いていたという。だが、2年生のとき、担任の先生に「つ」に点々ではなく、「す」に点々と注意されたという。以来、疑問に思いながらも、「あずま」と書いてきたというのだが……。この疑問の答えは語源にあると笹原教授は語る。

「もともとが『あずま』の語源は『明端《あけつま》』にあると言われています。日が明ける端っこで『明《あけ》端《つま》』。それが短くなって『あづま』。本来『つ』に点々、だ行だったのです。もともと『あどぅま』というように発音していた発音

あづま
です
「あづま」とは
「東日本」のことだった
あづま

上は日本語学者の笹原宏之氏。早稲田大学社会科学部・社会科学研究科教授。この番組の人名漢字監修も担当している

が変化して『あづま』になり、文字が追いかけて、『す』に点々の『あずま』に変わった」

　つまり、「あずま」も「あづま」も、どちらも正しいのだ。

　それでは「ひがし」の語源はどうなのだろうか？

「『ひがし』は『日《ひ》向《む》（か）風《し》』からきたと考えられます。日（太陽）を向いている方角からの風、『東風』のことを指していた。太陽ということから考えると、沖縄の『あがり』（東）と『いり』（西）もわかりやすいと思います」（笹原教授）

　なぜ沖縄では「あがり」「いり」といっているのだろうか？

「もともと沖縄は本土と同じ日本語を話していたはずですが、海で隔てられています。しかも、琉球王国として独立していたので、言葉が本土と違う独自の発展をしていったんです。ですが、その一方、１０００年前の古い日本語もそのまま残っていたりするんです」（笹原教授）

　例えば、花のことを宮古島などでは「パナ」と言うが、奈良時代の奈良でもパナと言っていたことがわかっている。また、宮古島に限らず、琉球方言には奈良から室町時代の古語が多いこともわかってきているのだ。

　ガラパゴスやニュージーランドの絶海の孤島では、特殊な進化をする動物も多いが、なかには古代のまま進化しなかった動物もいる。沖縄では古代に伝わった言葉が、時代の波、時の流れにさらされないで、そのまま残っていることもあるわけだ。

　日本の民俗学の父、柳田國男は弟子の折口信夫《おりくちしのぶ》とともに、１９２１年に沖縄でフィールドワークを行った。そのとき、沖縄には昔の日本がたくさん残っていることに驚いたという。そして、柳田と折口はさまざまな民俗学的な発見をしていった。

　沖縄の名字……あらためて探究したいテーマだ。

なぜ西村さんや北村さんが多く、東村さんや南村さんが少ないのか？

読み方問題で、「東さん」と似た悩みを持つ方が東西南北、方角名字にいる。

例えば、南の谷と書いて「南谷さん」……自然に「みなみたに」と読みたいところだが、二つ目の「み」を抜いて「みなたに」と読むこともある。なぜこんな読み方をするのだろう？

名字研究家の森岡浩氏はその理由をこう語る。

「『南』と書いて『みなみ』と読むのか、『みな』と読むのか？『みな』と読むことは、本家と分家で変えたいという理由が多いんです。例えば、本家と分家で名字を変えたいんだけど、まったく別物にすると、一族だということがわからなくなる。それで、漢字で書くときには同じにしました。書類上は一族とわかり、呼ぶときには『みなみたに』と『みなたに』で区別していたわけです」

ところで、東西南北の南では、南さんは比較的よくいるが、南村さん、南山さん、南本さん、南崎さんはかなりレアになってくる。

また、東でも、東村さん、東山さん、東本さん、東崎さんは珍しい印象がある。

それに比べて、北、西では北村さん、西村さん、北山さん、西山さん……と、ぐっとポピュラーな感じになってくる。

どうやら、方角名字には東西南北で歴然たる格差（?）があるようなのだ。

いわば、名字の〝南北問題〟!?なぜこのような問題が起こってしまったのだろうか？

"東西南北"名字を何件登録しているか徹底調査！

そこで、まず、イメージ通りに、西村さんや北村さんなど、「北」や「西」のつく名字はどのくらい多いのか？ その数を調べてみることにした。

注目したのは、ケータイやスマートフォンのアドレス帳。「東」「西」「南」「北」のつく名字がそれぞれ、どのくらい登録されているのか、日本全国の1500人に聞いてみることにしたのだ。

1500人の「東」「西」「南」「北」のつく名字の登録件数を集計。それぞれの件数は、左上のグラフの通りだ。

東は1059件で約20％、西は2239件で約41％、南は657件で約12％、北は1466件で約27％。

北が約3割、西が約4割、北と西で全体の7割近くを占めたのだ。

「名字が一般庶民にまで広がったのが、鎌倉時代から室町時代にかけてだと言われています。実は、その頃の日本人の暮らしが、北と西の名字が多いという

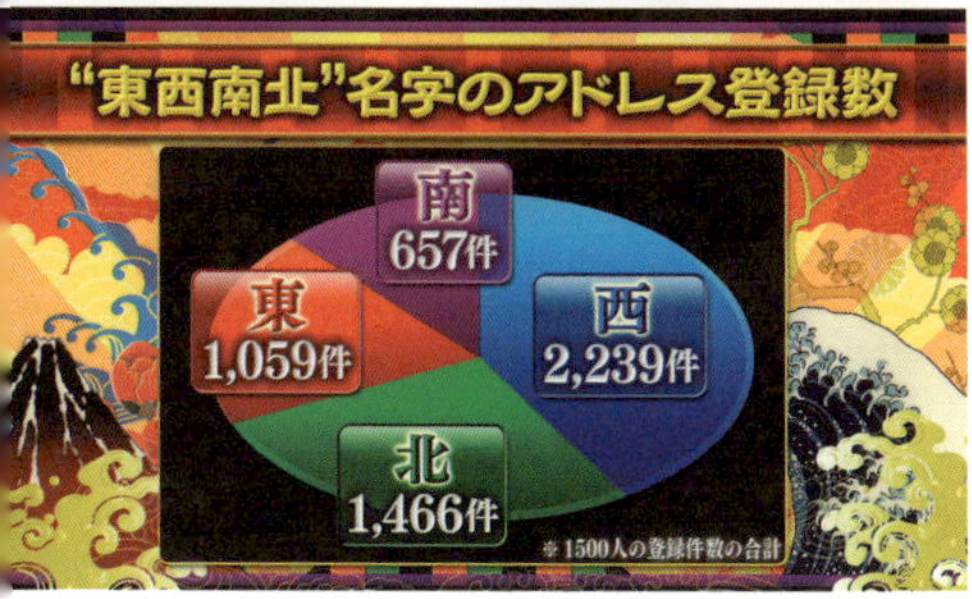

上／名字研究家、森岡浩氏。下／全国1500人のアドレス帳調査では、東と南の方角名字が約3割で、西と北の方角名字が約7割を占めた

"東西南北"名字のアドレス登録数
- 南 657件
- 東 1,059件
- 西 2,239件
- 北 1,466件

※1500人の登録件数の合計

結果に反映していると考えられるんです」（森岡氏）
右のような山があると、鎌倉から室町時代の日本人が好んで住んだのは、山に接した平地だったという。
「山には水源もあるので、山の近くの平地は田んぼにしやすいからです。もうひとつ大きいのが、敵から攻められた場合、山を背にして守りやすい。また、このような地形があったとすると、東と南が開いている平地、上の図では右下のところが一番、都合がいいんです。山を背に東南方向に開けていると、日当たりがいいので、田んぼにすれば稲がよく実る一等地になるからです」（森岡氏）
田んぼ中心、稲作中心の暮らしになるため、日当たりのいい場所が一等地、最高の土地。そして、人々は田んぼの周辺に住むことになる。
ここに西と北のつく名字が多

山には水脈があるため、山裾の平地は田んぼにしやすく、人々は集落をつくった。なかでも、日当たりのいい東と南に向いた土地は一等地。この土地では北側、西側に集落ができていった

い理由が隠されているのだ。

右ページの下図のように、日当たりのいい田んぼをつくるために、集落は方角的に北と、西にできる。そのため、南や東よりも、北と西がつく名字とする家が多いことになるのだ。

ただ、それはあくまでも、理由のひとつ。これで、すべて解明されたわけではない。

こうした集落が生まれた鎌倉時代、室町時代は戦乱も多く、外から攻め込まれる危険があった。自衛だけでは間に合わず、集落は途絶えてしまうピンチが絶え間なくあったのだ。そこで、彼らを守る存在が必要になる。

西がつく名字が多い集落を徹底調査！

福井県鯖江《さばえ》市西大井町《にしおおいちょう》。ここは、西のつく名字が多い集落だ。西野さんが人口の3割。そして、左下の航空写真のように、実際、西野さんたちが住む集落は、田んぼの西側にある。ここは山の裾にある。森岡氏の言う通りだ。

では、戦乱の絶えなかった時代、西野さん集落を守ったのはどういう存在だったのか？　森岡氏はこう考えている。

「谷間の入り口には、敵からの来襲に備えるために領主がいたんです。そして、谷全体を守っていたわけです」

その存在とは「領主」だったのか？　だが、この集落には見る限り、領主の館跡《やかたあと》らしきところは見当たらない……。西大井町に領主は存在したのか？

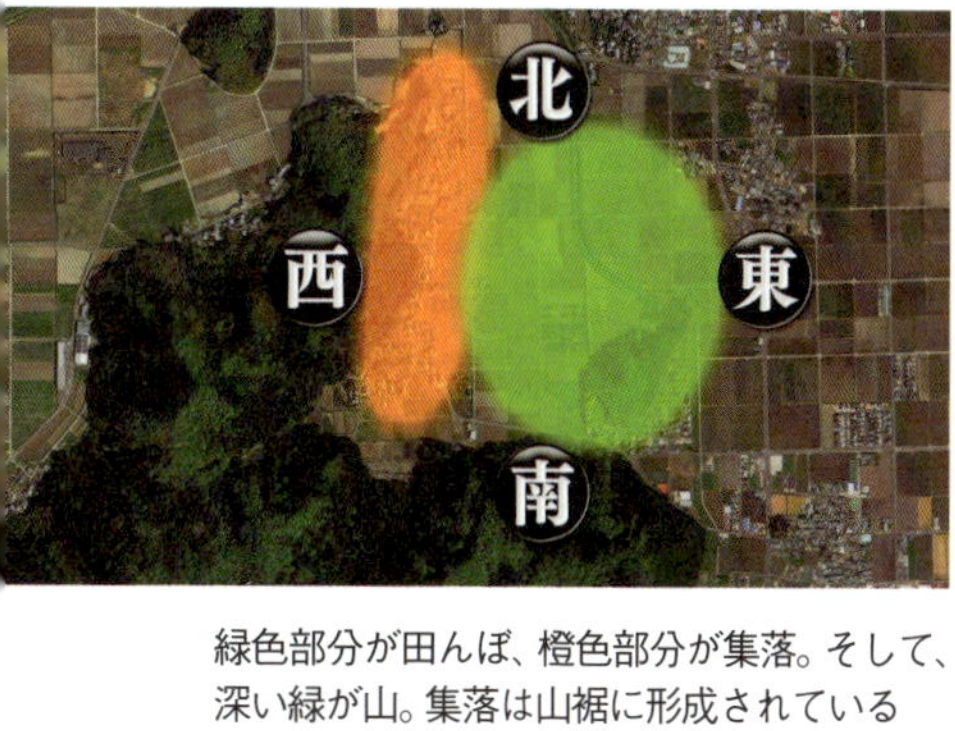

緑色部分が田んぼ、橙色部分が集落。そして、深い緑が山。集落は山裾に形成されている

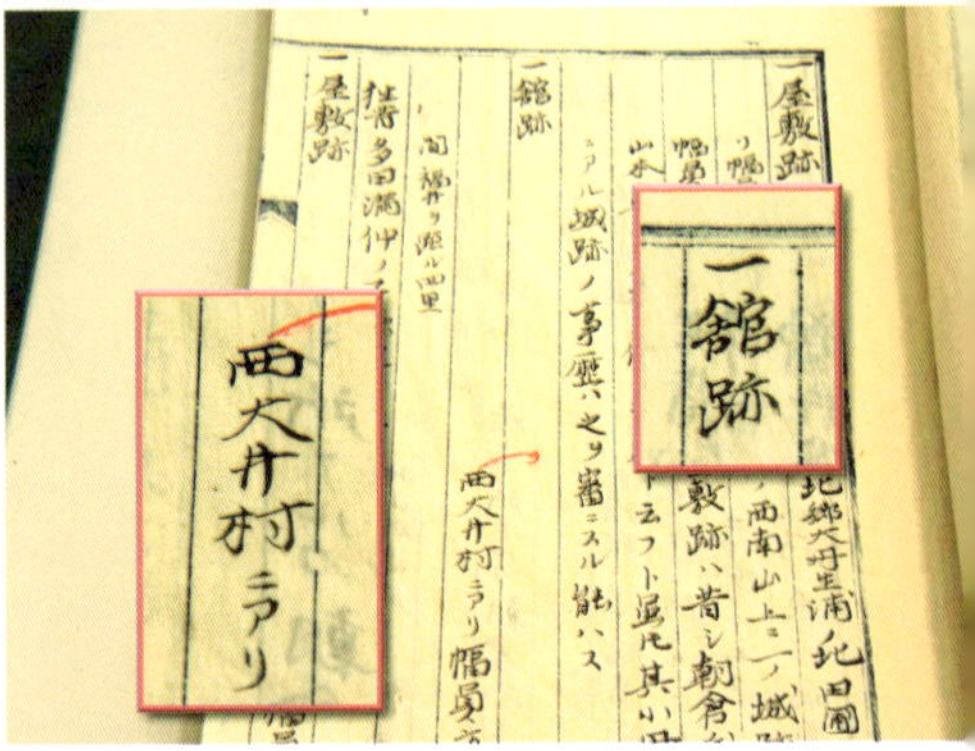

上／鯖江市文化課の前田清彦さん。下／『越前国城跡考』には西大井村に城跡、館があったとの伝承が残っていたことが記されていた

鯖江市まなべの館に鯖江市文化課の前田清彦さんを訪ねた。

江戸時代にまとめられたという、遺跡の記録集『越前国城跡考』を見せてもらうと……西大井村に城跡、領主の館があったという伝承が残っていた。

さらに、前田さんは領主の館に心当たりがあると語る。

「田んぼの真ん中に田んぼではない小高い場所があるんです。雑木林になっていますが、ひょっとするかもしれません」

田んぼの中に不自然にとり残された謎の雑木林。地図で確認すると、そこは左ページ上のように集落を守る最前線だった。

そして村人たちは、領主の館から見ても「西」側に住んでいたことになる。

思わぬところから、古舘伊知郎の名字の由来も！

領主は集落を守り、西野さんたちは安心して農業にいそしんでいた。そういう領主と西野さんたちとの共存共栄の関係があったと考えられる。

「江戸時代は新田開発が盛んに行われていました。そんななか、

あえてこのようなかたちで雑木林を残しているという気がします」（森岡氏）

伝承として記録に残っていたが、やがて忘れられていく。

謎だけを残して……。

開発されずに残されたこの雑木林は、集落を守ってきた領主への、西野さんたちの敬意の表われだったとも考えられる。

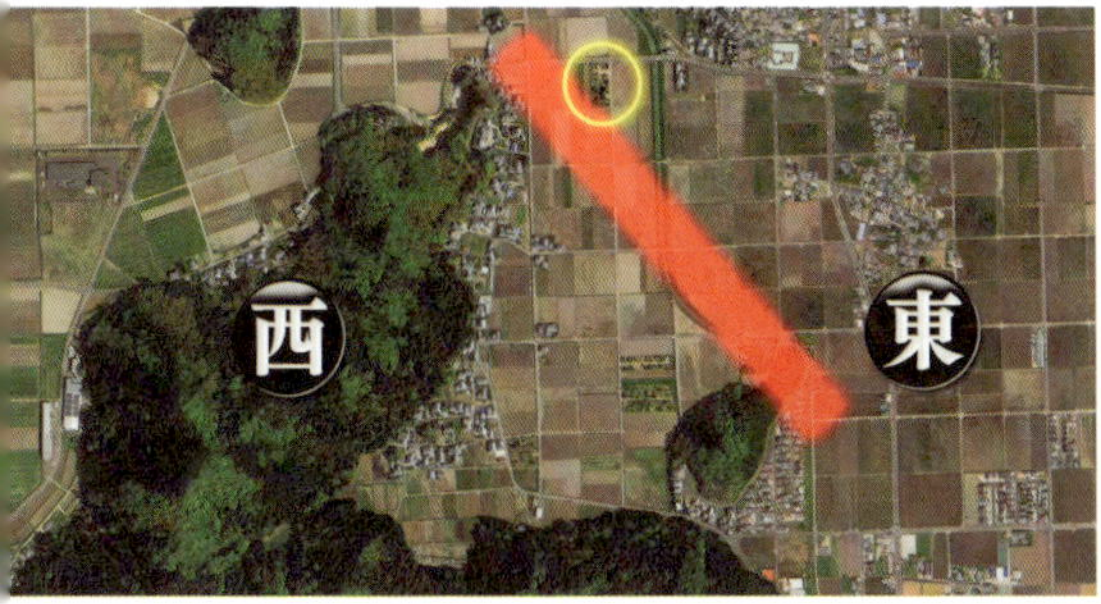

上／館があったかもしれない場所は集落の入り口辺り。
下／田んぼのなかの小高いところは雑木林になっている。
発掘調査は入っていないが、館跡の可能性は高い

そして……実はこの「領主の館」は、古舘伊知郎さんの名字の由来になったのだという！

「西日本では『館』『舘』『舘』は、貴族が住んでいる邸宅、公務員の宿舎を指していました」（笹原宏之早稲田大学教授）

館には集落を守る人たちが住んでいた。そして……。

「西大井町の雑木林が『領主の館』だったとしたら、もうわからなくなっているほど古いもの。そここそ、古館なんですよ。そういう古い館に住み着いた人たちが『古館』『古舘』『古舘』を自分の名字にしていったんだと思います」（森岡氏）

古舘伊知郎「緊急レポート」！謎の「東西南北」さん集落に直撃！

石川県能美《のみ》市下開発町《しもかいはつまち》。この集落は日本一、東西南北名字が集う場所だ――東西南北名字の謎の本質をとらえるべく、古舘伊知郎さんが現地に赴《おもむ》き、緊急レポートする！

「こちら！　なぜか東さん、西さん、南さん、北さんだらけという不思議な集落。というわけで……人類はいつの世も争いを繰り広げていました。歴史を振り返ってみると、東西冷戦という時代がありました。アメリカでは南北戦争もありましたし、現代でも南北問題という深刻な格差問題もございます。ところが、ここは、違うようです」

東・西・南・北の名字が地域ごときれいに並ぶ！

この下開発町は、田畑に囲まれた、半径約１５０ｍ、60世帯ほどの集落だ。

見た目には他の町と大きく変わったところはない。

「さあ、まず東さんゾーン。東さんばかり、この地域で暮らしていらっしゃいます。ちょっと見てみましょうね。ほら、ごらんください！　東さんのお宅、表札に6人のお名前が並び、大家族という感じ。それから……ちょっと行きますと、今度は南さんゾーンに突入します。やはり、訪ねる家、訪ねる家、南さんの表札ばかりです。さらに、次は北さんゾーン、西さんゾーンかと思いきや、違うんですよ。今度は、中さんゾーン。東西南北うまくバランスを取っている中心には、中さんゾーンがありました。嘘みたいな現実。まだ私も信じられないくらいですけれども、この辺りは中さんのお宅ばかりです。嘘ではありませんね。ずっと、私、報道をやっていたんですからね。嘘をついたら、商売あがったりです。中ゾーンを過ぎますと、今度は北ゾーン。犬も吠えます。北さんのお宅の犬が吠えております。あっという間に北ゾーンから西ゾーンへ突入。どこも、西さんという表札がかかってます。こんなに西さんの表札を見て、感動したことは、六十有余年の人生のなかで初めてのことです！」

なんと、東さん、西さん、南さん、北さん、中さんだけで、この町のおよそ8割も占める。

さらに、それぞれの家のある方

東さんゾーンには東さんの表札が並ぶ。東西南北だけかと思いきや、中心には「中さんゾーン」。だが、庄屋さんは中さんでなく、杉本さん！

角は名字の方角とほぼ一致。東さん、西さん、南さん、北さん、中さん……古舘さんは東西南北のついた名字の方とたくさん出会ったなか、この地域に東西南北の名字が多い理由を知っているという人にようやく会うことができた。名字は杉本さん。江戸時代の庄屋の末裔だそうだ。

東・西・南・北さん集落は庄屋の思いつきでできた!?

庄屋の杉本さんは下開発町の氏神、八幡神社の杉の木近くに住んでいたため、この名字を名乗ったらしい。

杉本朝子さんはこう言う。

「昔、杉本が庄屋やったんや。庄屋やから、あんた、真ん中におるさけえ、杉本から見て家が南にある家には南、北にある家には北、近くにある家には中という名字を付けたわけや」

古舘さんはこう水を向けた。

「どうして東西南北と、住んでいる場をそのまま名字にしたんでしょうか?」

「庄屋やからね」（杉本さん）

「庄屋という地域のリーダーとして、『東』『西』『南』『北』『中』と色分けして、共同体として仲よく暮らそうという発想だったのではないでしょうか?」

下開発町の庄屋の子孫、杉本朝子さん

だが、杉本さんはつれなく、こう言うばかりだった。

「いや、庄屋やから」（杉本さん）

1875年に戸籍制度の整備のために、政府は「平民苗字必称義務令」で名字を義務化した。その際、下開発町ではどう名乗っていいのか悩んだ農民が、庄屋さんに相談。そこで、どうやら庄屋さんが、それぞれの家のある方角で名づけて、名字を割り振っていったらしい。

ただ、注目すべきことは、人口減少が進むこの時代にあって、下開発町は家の数を減らすことなく、維持していることだ。

全国的に少なくなった、運動会や夏祭りなどの地域活動も活発。東さん、西さん、南さん、北さん、中さんが仕事を分担し合い、全員参加で続けてきたのだ。

町会長さん（取材当時）の中正章さんにも、話を聞いてみることにした。

「だから、百何十年前の庄屋さんが偉かったんですよ」

古舘さんはこの集落の結束の中心に、「名字」があるのではないかと感じていた。

「人間というものは、とかく自己主張をしすぎると思うんです。だけど、『東』『西』『南』『北』『中』と名字で割り振られると、自分は全体のなかの一部だという意識を強くします。だから、『東』『西』『南』『北』『中』が全部揃ってこそ、集落は暮らしていけると思い至る。東さんがいなくても、西さんが欠けても、集落として成り立たないという。自然、全員いないと駄目なんだと考えるようになっていったんだと思います」

下開発町の人たちは強く結束していた——謎の「東西南北さん」集落は、「名字の力」を教えてくれた。

町会長（取材当時）の中正章さん

part 3

さいとうさんの秘密

日本人のおなまえっ!

さいとうさんの秘密

人生いろいろ、
さいとうさんもいろいろ!?

実は、「さいとう」という名字には謎、秘密が多いんです。漢字で書くと、「斉藤」「斎藤」「齊藤」「齋藤」……メジャーなものだけでも、4種類あります。ところが、さいとうさんと書く漢字は、際限ないと思えるくらいたくさんあるのです。現在、戸籍の電子化が進んでいますが、作業を担当している、ある会社のデータベースには、さいとうさんの「さい」と書く文字は85種類も登録されているそうです。1社だけでその数ですから、100種類はくだらないでしょう。また、「藤」の字も「籐」などを含めて別字や異体字も多いので、「さいとう」さんと読む漢字はものすごい数の組み合わせになるわけです。まさに、人生いろいろ、さいとうさんもいろいろ……。さらに、さいとうさんのルーツを調べていくと、そこから、日本特有の文化、生活が見えてくるんです。さいとうさんの元祖、藤原叙用《のぶもち》はどういう人物で、どういう職業に就いていたのか？　西日本発祥の名字なのに、さいとうさんは東日本になぜ多いのか？

ちなみに、名字ランキングでは「斎藤」「齋藤」が15位、「斉藤」「齊藤」が38位。4つのさいとうさんを合計すると、トップ10に入ってくるそうです。みなさんも、同級生や同僚、友人・知人に、さいとうさんがいた、いるという方が多いでしょう。ただ、そんなに親しみを感じていなかった方もいるかもしれません。しかし、さいとうさんの謎を探っていき、その秘密がわかってくると……実はすごい名字だったことがわかり、さいとうさんを見る目が変わっていくかもしれないのです！

「斉」「斎」「齊」「齋」……さいとうさんの〃さい〃はどの「さい」なのか問題

思えばこの国には、時代を動かした幾人ものさいとうさんがいた。ハンカチ王子・早稲田実業の斎藤佑樹《ゆうき》（現・北海道日本ハムファイターズ）、ロサンゼルス五輪・ソウル五輪の柔道重量級、2大会連続金メダリストの斉藤仁、第30代内閣総理大臣、斎藤実《まこと》……。

ほかにも、歴史界で戦国武将の斎藤道三《どうさん》、新撰組の斎藤一《はじめ》、文化界では歌人の斎藤茂吉《もきち》や斉藤斎藤、茂吉の長男で精神科医の斎藤茂太《しげた》、教育学者で明治大学教授の齋藤孝、劇画のさいとう・たかを（本名・斎藤隆夫）、スポーツ界で元東北楽天ゴールデンイーグルスの斎藤隆、プロレスのマサ斎藤、芸能界で女優の斉藤由貴、俳優の斎藤工《たくみ》、タレントの壇蜜（本名・齋藤支静加《しずか》）、SKE48の斉藤真木子、乃木坂46の斉藤優里《ゆうり》・斎藤ちはる・齋藤飛鳥……。各界に、綺羅星《きらぼし》のごとく、さいとうさんはいる。

劇画界の巨匠、さいとう・たかをさん

さいとうさんたちも〃さい〃問題に悩んでる!?

タレントの鈴木奈々さんは、結婚して本名はさいとうさんになった。鈴木さんは言う。

「すごく画数が多い齋藤なんです。ですから、結婚して3年くらい経ってから、やっと書けるようになりました（笑）」

一方、女優の斉藤慶子さんは、こう語る。

「本当は上はてんこ盛りで、下はスッキリの齊藤なんです。でも、小さい頃からずっと斉藤を使ってきました。親には『戸籍は違うのよ』と言われていたんですけれどね」

「ボクは下がむずかしくて、上が（髪の毛のように）すっきりし

鈴木奈々さん（本名・齋藤奈々）、斉藤慶子さん、斎藤司さんは同じさいとうさんだが、“さい”の字がそれぞれ違う

た斎藤さんです」

とは、お笑いコンビ、トレンディエンジェルの斎藤司さん。スーツの上着を開いて「誰だと思ってんだオマエ、さいとうさんだぞ！」というギャグは「『斎藤』さんだぞ！」だったのだ。

同じさいとうさんでも、「斉藤」「斎藤」「齊藤」「齋藤」。おまけに、「藤」にも「籐」など異なる字が多いのだ。その組み合わせは無限にありそうだ。

実にややこしい、さいとうさんの「さい」問題。傍から考えると、いっそ、「斉藤」というシンプルな「斉」で統一してほしいところだが……。

さいとうさんの半数以上が“さい”でイヤな思いを!?

さいとうさん自身も「さい」問題に直面することが多いようだ。さいとうさん271人に「“サイ”の書き間違いでイヤな思いをしたことがある？」と番組がアンケートをとったところ、58％ものさいとうさんが「イヤな思いをしたことがある」と答えている。
それでは、さいとうさんは具体的にどのようなイヤな思いをしているだろうか？
「年賀状の宛名が間違いだらけで、おめでたくない」（大阪府・男性・56歳）
「もらったラブレターの『齋』が修正液まみれだった」（神奈川県・女性・41歳）
さいとうさんの「さい」問題はシンコクだった……!?

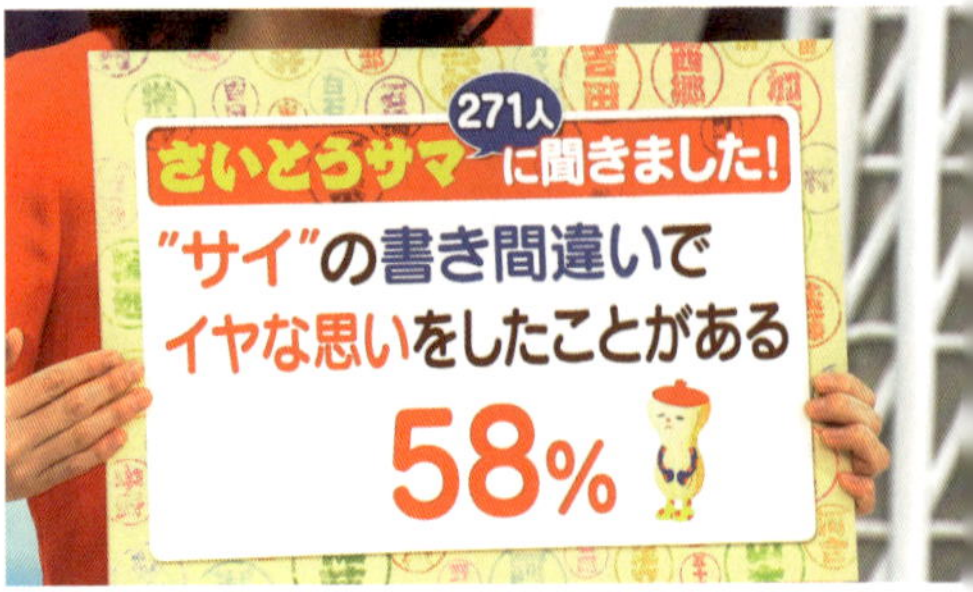
さいとうサマ 271人 に聞きました!
”サイ”の書き間違いで
イヤな思いをしたことがある
58%
約6割がイヤな思いをしたことがあるということは、それだけ書き間違いが多いのか!?

森岡 浩の

日本人のおなまえっ！ 知っ得情報

斎藤さんは、
東北・関東を中心に西日本より、東日本のほうが圧倒的に多い⁉

　下の日本地図は、名字ランキング15位の斎藤・齋藤さんの都道府県別の分布状況です。

　見たとおり、名門・越前斎藤氏の福井県を別にして、東日本に多い名字だとわかります。ただ、ランキング38位の斉藤・齊藤さんは逆に、西日本に多く分布しています。実は新潟県より西の地域では斎藤・齋藤さんより、斉藤・齊藤さんのほうが多いのです。その理由は、新潟以西では「斉・齊」が「斎・齋」の略字で使われがちだからと考えられています。

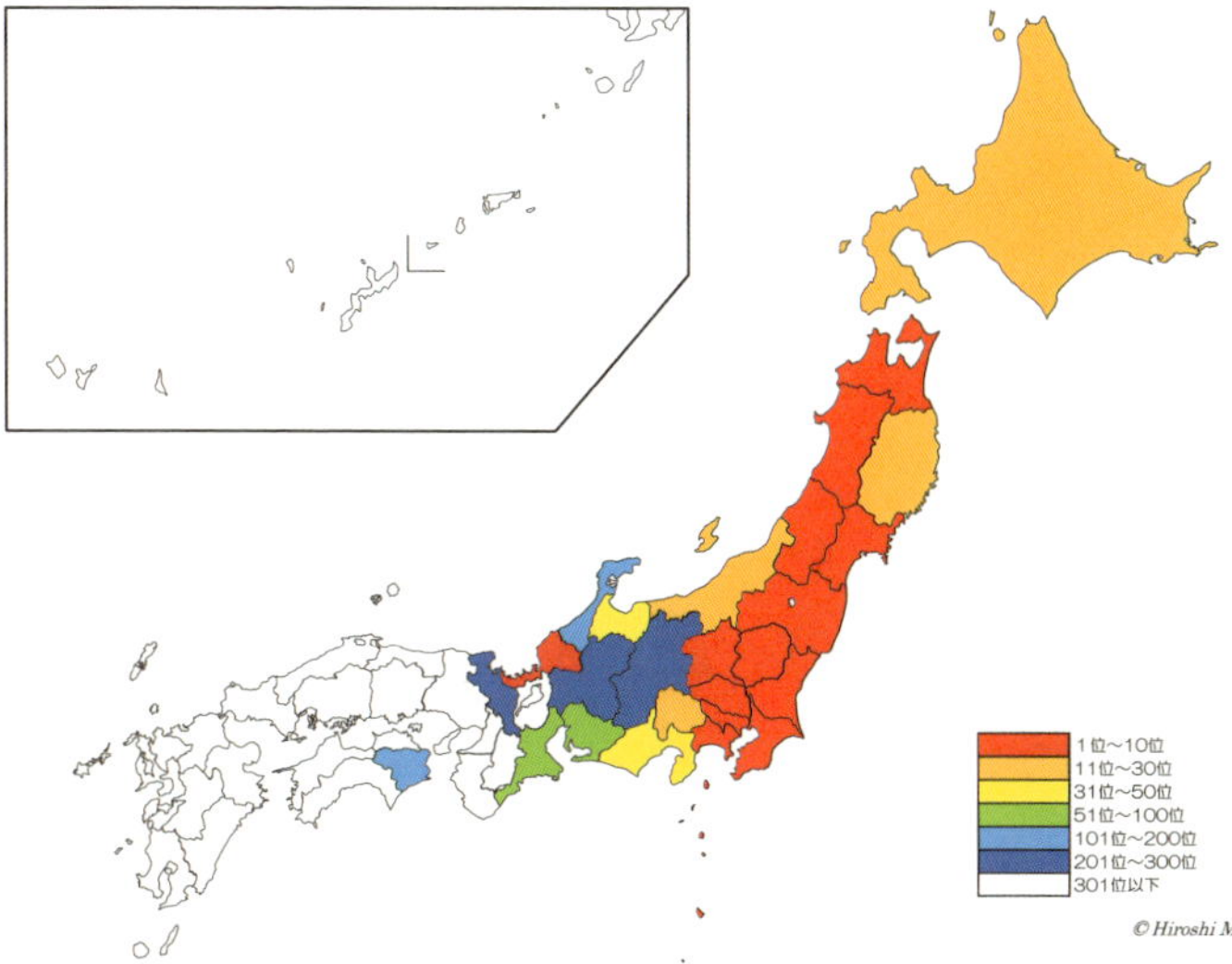

© Hiroshi MORIOKA

さいとうさんの〝さい〟はどれほどあるのかを徹底調査！

さいとうさんの〝さい〟には「齋」「齊」「斎」「斉」以外もたくさんある。一体、どのくらいあるのだろうか？

その調査のために、トレンディエンジェルの斎藤司さんが千葉県千葉市の某所を訪れた。

ハンコ屋さん、『モリシタ』。ハンコひと筋50年。この店には一般的な店の10倍、7万種類以上の名字のハンコが揃っている、自称・品揃え日本一のハンコ屋さんだ。店内には所狭しとハンコの棚が立ち並ぶが、なかでも「別格珍名さん」は、お店自慢の棚。店長さんご夫婦に話を聞いた。

「牛腸《ごちょう》さん、護摩堂《ごまどう》さんというような珍しい名字のハンコもありますよ。ただ、牛腸さんは港区にいらっしゃるけれど、護摩堂さんには会ったことがないです」（店長の森下恒博さん）

名字の持ち主が来店したことがないハンコは他にもあり、数十年、店内で眠っているハンコもあるという。

それでは、「さいとうさん」のハンコはどのくらい店にあるのだろうか？

この店でよく売れているさい

千葉市若葉区にあるモリシタを訪ねるトレンディエンジェル・斎藤司さん

とうさんのハンコは見慣れた左の4つ。「斉」と「斎」は新字体、「齊」と「齋」は旧字体だが、実は上と下ではもともと別の漢字なのだ。「斉」「齊」は「一斉」「校歌斉唱」などのように、「等しい、揃う」という意味。「斎」「齋」は「斎場」などに使われ、「神のために身を浄める」という意味がある。

そのため、名字研究家・森岡浩氏による「日本人の名字ランキング」では「斉藤」「齊藤」と「斎藤」「齋藤」は違う漢字として別の集計をしている。

そして、「斎藤」「齋藤」は全国15位、「斉藤」「齊藤」は全国38位。ただ、併せて集計すると、10位に入るという。実際、読みだけをもとにした日本生命などのランキングでは10位に入っている。

「斉」「齊」と「斎」「齋」はもともと別の漢字。上／上が新字体、下が旧字体。下／上が新字で下が旧字

さまざまな漢字のハンコが次々と見つかっていった！

「小学生の頃、同じクラスにさいとうさんは3人いて、それぞれ漢字が違ってた」（斎藤司）

斎藤司さんが「さいとう」のハンコを探っていくと……「斉藤」「齊藤」「斎藤」「齋藤」以外の「さいとうさん」が次々と見つかっていった。

斎藤司さんはモリシタで、8種類のさいとうさんのハンコを発見することができた！

「これは真ん中が『了』みたいな感じになってる。普通『Y』みたいな字があるんですけど、これは見たことのない、さいとうさんだわ」（斎藤司）

下の中心が「月」になっている「さいとうさん」、下が「川」の「さいとうさん」……モリシタで、新たな8つのさいとうさんのハンコに出会うことができた。

なぜさいとうさんの「さい」の字はこんなにたくさんの種類があるのだろうか？　モリシタの森下富榮さんは、とあるさいとうさんからその理由を聞いたことがあると語る。

「昔ですと、みなさん字をあまり知らなかったでしょう。だから、字を間違ったままで戸籍に届けていたそうなんです」

亠《なべぶた》の下の真ん中が「了」や下が「川」になっているさいとうさんもそういう事情なのだろうか？

ますます、さいとうさんの謎は深まるばかりである。ということで、斎藤司さんのさいとうさんをめぐる旅は続く！

〝さい〟の字が多いのは明治から始まった戸籍制度と深～い関係が！

戸籍の届け出は手書きだったため、書いた文字がそのまま登録されることもあった。

そして、間違えたまま、いまもそのまま戸籍に残っているようなのだ。

現在、1896ある市区町村で戸籍をすべて電子化する国家プロジェクトが始まっている。そして、そのプロジェクトを進めている企業を取材したところ、ハンコ屋さんの8つどころではなく、とんでもない数のさいとうさんが見つかったのだ。

戸籍の電子化で〝さい〟の実態が明らかになった！

戸籍の電子化は複数の会社で進められている。今回そのうちの一社から、特別に取材許可がおりた。

斎藤司さんが取材に向かう。

この会社のシステム開発統括部長の小久保明彦さん。20年以上にわたり、この仕事に携わる戸籍文字ハンターだ。

1988年の入社以降、戸籍に関する業務を担当、1994年にスタートした「戸籍電算化事業」のシステム開発を通して全国自治体分の戸籍からJIS規格登録外の文字を見つけ出して、電子データとして入力、表示ができるように、文字情報のデータベースづくりを続けてきた。小久保さんはこう語る。

「全国の戸籍から拾い上げましたが、同じ文字もたくさんあるんです。ですから、実質的には、5400万文字くらいですね」

戸籍のデータベース化を進める会社のシステム開発統括部長・小久保明彦さん。
トレンディエンジェルの斎藤司さんがこの会社を訪ねる

なんと、85個もの〝さい〞の漢字が発見されていた！

この会社では、全国の戸籍から集めた文字の一覧を「仮コード台帳（部首別）」にまとめている。例えば「数」という文字は13個もあったという。

それでは、さいとうさんの「さい」の字はこの台帳にいったいどのくらい、登録されているのだろうか？

次々と妙な「さい」の字が見つかっていく。

「郵便局の地図記号みたいなのがありますね。これって郵便局と関係あるさいとうさんだったりするんですか？」（斎藤司）

「郵便局とは関係ないと思いますよ（笑）。間違って書いたのか、元の字は筆で達筆に書いているのでかすれて見えなくなったり、代々書き写されて、さまざまなかたちになったのかもしれませんね」（小久保さん）

さらに、妙な「さい」がある。

「これは『斉』の脇に点が付いてる。これは昔の人が間違えて書いた？」（斎藤司）

「昔は紙に和文タイプライターで打たれ、そこに筆で点が振られていたということだと思います。この点はたぶん、重要だっ

戸籍から抽出された“さい”の漢字はとんでもない数だった！　ただ、一社だけのデータなので、もっとたくさんの“さい”の漢字が使われている可能性が高いのだ

たんでしょうね」（小久保さん）

上が小久保さんたちが戸籍から抽出したさいとうさんの〝さい〟の漢字だ。

なんと、まさかの85個もあったのだ！

古舘伊知郎さんの感想。

「何となくわかるのも多いですけども、まったく、わからないものも……。戸籍をつくるという大変な作業のときに、書くほうが間違えて書いてしまったが、それがその方の名字になってしまったということですね。ただ、間違いがきっかけでこれだけのバリエーションになってしまったのではないと思う」

電子化で〝さい〟の多様性は消えていってしまうのか？

「戸籍ができたのは明治の初めなので、その当時、漢字が書けない人が多かったんです。ですから、私の『さい』はこれですというときに間違えていることもある。また、戸籍係に『これですか？』と聞かれても、本人がわからなかったら間違いだと言えない。さらに、間違いだけではないんです。書き癖がありますからね。筆で書いていますので、その書き癖でちゃんとした活字のように書けないので、自分なりに書いたのがそのままになっていることもある。さらに言うと、あえて違う漢字を書いた方もいらっしゃるんですよ。なぜならば、自分の『さいとうさん』は、他のさいとうさんとは違うんだよという意味で、わざわざ違う漢字を登録される方もいたと考えられるからです」

（名字研究家・森岡浩氏）

前ページ上表には、緑の文字になっている〝さい〟の漢字がある。

これは戸籍が電子化されたときに、右に並ぶ〝さい〟の漢字を左の列の緑色の〝さい〟に統一表記していこうということを意味する。さらに、最下列の〝さい〟を含めて、緑色の漢字の〝さい〟が将来的に戸籍が電子化した後も残っていく予定だ。すると、それ以外は消えていくのだろうか？

多様性あふれる〝さい〟、さいとうさんのダイバーシティは風前の灯火なのか？

「ただ、緑の文字ではなくても、自分が気に入っていて、変えたくなければ、大丈夫な場合もあります。実際、電子化した市区町村から『変えていいか』と問い合わせがきて、変えたくないと返事をしたところ、戸籍に残ったケースもあります」（森岡氏）

脳科学が解き明かす！齋藤さんの「齋」の字が覚えられない理由！

齋藤さんの難関漢字「齋」。

パソコンではカンタンに出てくるが、手書きですらすら書ける人はそれほどいないかもしれない。17画と画数も多いのだが、同じ画数の「優」や「鮮」などは、覚えやすく、書き間違えにくい。一方、「齋」の字はなぜ覚えられず、書き間違えやすいのだろうか？

その理由は脳科学的に明らかだと語るのは、脳科学者の茂木健一郎さんだ。

【ポイント1】「齋」はパーツが多すぎて、覚えにくい

「『齋』という字はむずかしいですよね。例えば、明るいの『明』は、『日』に『月』というかたちで覚えやすい。それと同じように、『鮨』の画数は17画で『齋』と同じですが、『魚』に『ヒ』『日』というかたちで分けられるので、覚えやすいんです。脳科学的には、認知的負荷が『齋』に比べると低いと言えるんです。『齋』はもともと画数が多いのですが、パーツが非常に覚えにくい。亠《なべぶた》の下の真ん中にはYの字みたいなパーツがあったりして、

脳科学者の茂木健一郎さんは「齋」を正しく書けた

右／9つの漢字は「齋」ではない。だが、脳はアナロジーで「齋」と認識する。これも、「齋」が覚えづらい理由のひとつ。左／「潟」も「臼」が馴染みがないため、覚えづらい

パーツに分けて覚えにくいので、脳にとって負荷が高いんです」

【ポイント②】「齋」は似たパーツを連想しやすい

「そして、『齋』の字の各パーツって、別のパーツを連想しやすいんです。例えば、亠《なべぶた》の下、右のパーツは『氏』を連想しやすい。『氏』に似ているんですが、他であまり見ませんからね。親しみがないパーツほど一生懸命、周りの記憶も総動員して思い出そうとするため、結果として似たようなパーツを思い出してしまう。それで、覚え間違えをしてしまうわけです」

【ポイント③】書き間違えた「齋」も「齋」に見えてしまう

「さらに、『齋』には似たような漢字がありません。ですから、どのように間違えても、全部、脳は『齋』と認識してしまいます。右上の9つの『齋』は微妙に間違っていますけれど、脳の驚くべき能力によって、間違えていても『齋』として通ってしまうんです」

ちなみに、「齋」と似た理由で、覚えにくい、間違えやすい漢字が他にもある。

例えば、左上の新潟の「潟」も覚えにくい漢字だ。

「つくりの上のパーツ『臼』が見慣れないものだけに、『白』などを連想させてしまって、書き間違えやすいんです」

脳科学で解決！ こうすれば「齋」が書けるようになる！

「『齋』の字を下のように拡大して見てみると……一つひとつのパーツが細かく見えてきますよね。実はこのことで脳のなかでおもしろいことが起こる。ずっと見ていてください。何か各パーツが妙な感じになってきませんか？ これをゲシュタルト崩壊と言います」（茂木さん）

ゲシュタルト崩壊とは、例えば、平仮名の「あ」を長い時間ずっと見続けたり、書き続けた場合、「あ」という文字が「あ」に見えなくなってしまうような現象だ。

「ここに『刀』が使われていたんだ、ここに『Y』みたいなものがあるんだというかたちで改めて認識して、やや違和感を持つ。これがゲシュタルト崩壊。その違和感が『齋』という漢字への好奇心になって、もう一度学び直そうという動機づけにもなります」（茂木さん）

齋

拡大した「齋」を見つめ続けることで……脳が反応して「齋」という文字が強く印象づけられる！

元祖・さいとうさんを名乗ったのは、伊勢神宮と関係の深い人物だった！

元祖・さいとうさんを名乗ったのは、どの時代のどういう人だったのだろうか？

そのヒミツを探るために、番組MCの古舘伊知郎さんが三重県伊勢市の伊勢神宮に向かった。

取材に訪れたのはまだ肌寒い2月、小雪が舞い散る日だった。

「お伊勢様で雪、風情がありますね。いままでさいとうという名字、どれだけ魅力的に感じていたかというと……そんなことはありません。さいとうさん、何人か知っていますが、ただ、それだけのことです。ところが、ここまできますと、本当にさいとうの謎について、昔から興味を持っていたかのように錯覚するくらいの感じです」

伊勢神宮で古舘さんと待ち合わせていたのは、神宮権禰宜《ごんねぎ》・石垣仁久さん。神職を務めながら、伊勢神宮の歴史を研究している。

伊勢神宮へと取材へ向かう古舘伊知郎

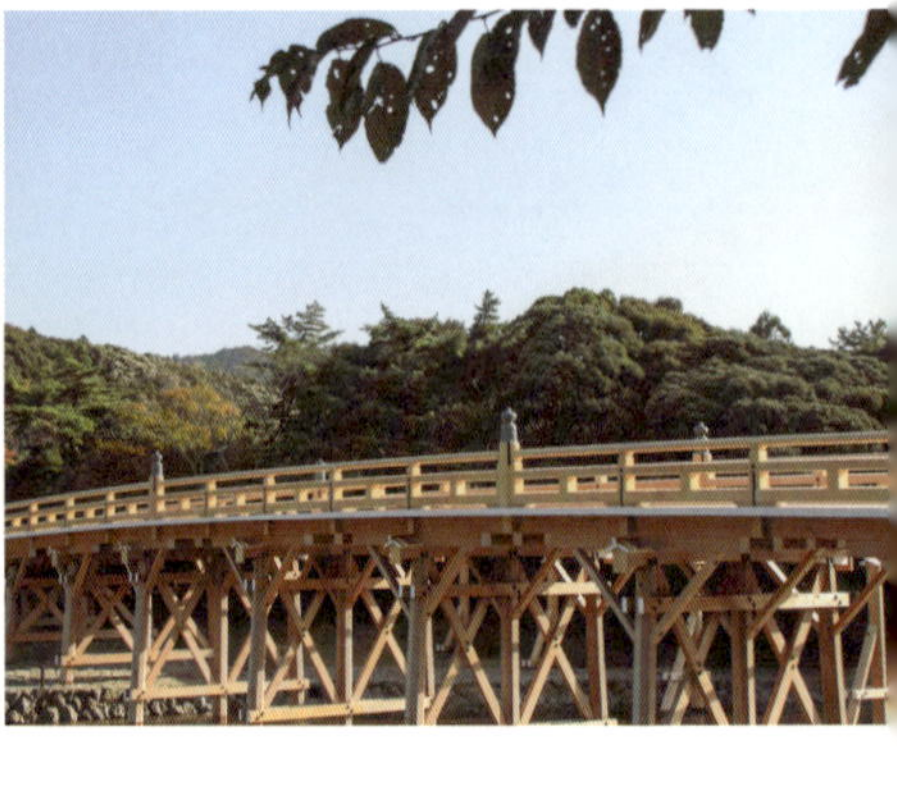

天皇の代理で日本の平和と五穀豊穣を祈った斎王！

天照大神《あまてらすおおみかみ》を祀《まつ》る伊勢神宮。ここに元祖・さいとうさんと関係の深い女性がいたという。

伊勢神宮の神宮権禰宜・石垣仁久さん

「伊勢神宮には昔、斎王《さいおう》様というお方がいらしたんです。天皇の未婚のお嬢さんが伊勢へお越しになって、伊勢神宮のお祀りにお仕《つか》えしていらっしゃったんです」（石垣さん）

斎王は天皇の代わりに天照大神に仕え、国の平安と五穀豊穣を祈った日本を守る存在だ。そもそも、「斎」という漢字には「神を迎えるために身を清める」という意味がある。

「ただ、斎王様は伊勢神宮にお住まいではなかったんです。ここからクルマで30分くらいかかる『斎宮《さいくう》』というところに御所があったんですよ」（石垣さん）

早速、古舘さんは斎宮に向かった——三重県多気《たき》郡明和《めいわ》町斎宮。ここに斎宮跡がある。

斎宮の歴史について長年、研究をしている斎宮歴史博物館学芸普及課長の榎村《えむら》寛之さんが取材に答えてくれた。

「いま歩いているこの道自体、斎宮のいわばオフィス街の一角なんです」（榎村さん）

斎宮とは、およそ１３００年前、斎王に仕えるためにつくられた役所。広さは東西２㎞、南北７００ｍにわたり、およそ、甲子園球場35個分という広大な敷地だった。

そして、ここで役人をはじめ、５００人を超える人々が働いていたのだ。

古代の霞ヶ関オフィス街、斎王様の御所・斎宮！

「伊勢神宮のためにつくられた霞ヶ関みたいなところです。そのヘッド、斎王様と呼ばれる女性をマネジメントしていたのが『斎宮頭《さいくうのかみ》』です。まさに、斎王の懐刀的《ふところがたな》な役割を果たしていたんです」（榎村さん）

左ページの上から二番目の写真が、復元された斎宮の正殿。斎宮頭たちが働いていた職場だ。

斎宮跡の史跡公園「さいくう平安の杜」では、復元した斎宮の正殿付近でタブレット端末をかざすと、斎宮の儀式の様子や解説を見ることができるサービスが提供されている。つまり、VR（バーチャルリアリティ）で1300年前にタイムトリップすることができるのだ。

古舘さんも端末を借り、古《いにしえ》の斎宮へ飛び込んだ。

「正殿前で儀式が行われていますが、建物に赤い着物で全体を見下ろしている人物がいることがわかると思います。この人が斎宮の役人のトップ、斎宮頭なんです」（榎村さん）

この斎宮頭に任官された人物こそが、さいとうさんの元祖とされているのだ。古舘さんも興奮を隠せない。

「役職の斎宮頭の『斎』とくっつけて……この斎宮頭が元祖・さいとうさんなんですね」

南北朝・室町期の藤原家の系図には、斎宮頭を任官されたとして「藤原叙用《のぶもち》」という名前が記されている（左の写真、最下段）。そして、その左脇には――「斉藤党等祖」とあるのだ！

「斎」に込められた元祖・さいとうさんの誇りと願い

平安時代中期、藤原北家《ほっけ》の藤原利仁《としひと》の次男、藤原叙用の子孫が官職名「斎宮頭」と姓「藤原」

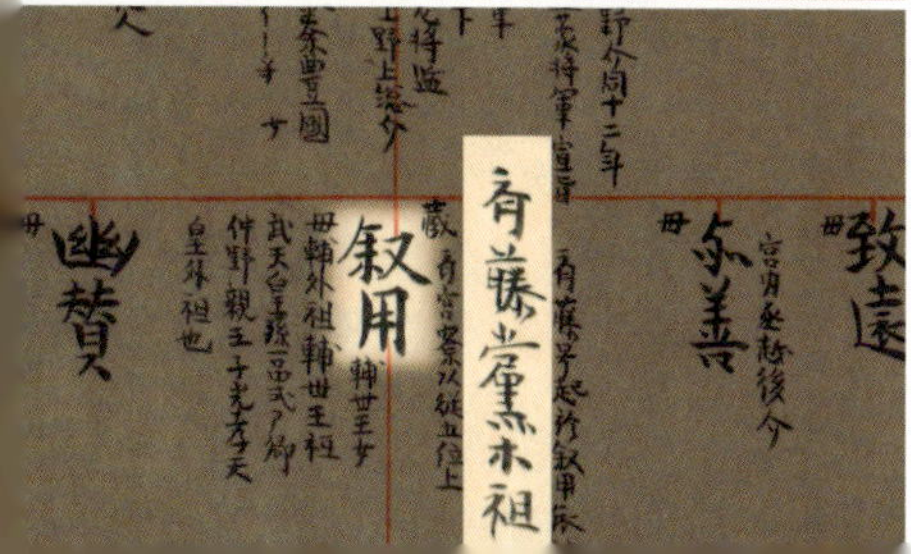

写真上より、斎宮歴史博物館学芸普及課長の榎村寛之さん、復元された斎宮の正殿、正殿近くでタブレット端末を使って1300年前の斎宮のVR体験をする古舘さん、VR世界での正殿の斎宮頭（三重県明和町）、元祖・さいとうさんが記された藤原家の系図（国立国会図書館）

にちなんで「斎藤」と名乗ったのが、そもそもの、さいとうさんのはじまりだったとされる。

「同じ藤原氏でも、斎宮頭にちなんで『斎藤』を名乗ることで、われわれは他の家とは違うのだと主張したかった。斎宮頭をいわば看板にしている藤原氏は斎藤家だけなのだ、と。そういう意識が強かったから、『斎藤』という名字ができたんだと思います」（榎村さん）

国の平安を祈る斎王をもっとも近くで支え続けた、元祖・さいとうさん。彼の誇り、願いが「斎」という文字、「斎藤」という名字に強く込められていたと考えられる。

part 4

山田さんの魅力

摩訶不思議な

日本人のおなまえっ！

山田さんの摩訶不思議な魅力

平凡だけど、名字界のスーパースター!?

山田さんという名字に、みなさんはどのようなイメージを抱いているでしょう？　私はまず、「山田太郎」「山田花子」……市区町村役所や銀行などの公共機関の記入例が思い浮かびます。しかし、日本人の名字ランキングでは、佐藤さんが1位で鈴木さんが2位。山田さんは12位とトップ10圏外。それなのに、佐藤さんや鈴木さんは言うに及ばず、高橋さんや田中さん、渡辺さんほかの〝名字神7〟を差し置いて……なぜ、山田さんは記入例に使われているイメージがあるのでしょう？　なぜ、日本人の代表的な名字の印象があるのでしょうか？　なぜか「平凡」というイメージがつきまとう、山田さんという名字。その理由を探るべく、驚天動地のスケールで公共機関の記入例を徹底リサーチしてみることにしました。さらに、野球マンガの金字塔『ドカベン』の主人公も山田太郎。「山田太郎」と聞いて、アニメ『ドカベン』の主題歌「がんばれドカベン」の歌詞「がんばれ　がんばれ！　ドカベン　や～まだ　た～ろう」、あるいは岩鬼正美の「おのれ、や～まだぁ」というセリフが頭にこだまする方も多いかと思います。なぜ、主人公は山田太郎と命名されたのか？　山田さんのイメージは『ドカベン』がつくったのか？　さらに、さらに……たぶん、世界初！「やまだ」という音声の響きを科学的に分析してみました。結果、山田さんは「名字界のパンダ＝スーパースター」だったことがわかったのです。それでは、山田さんの摩訶不思議な魅力にさまざまなアプローチから、ぐいぐい迫っていくことにしましょう！

日本の全市区町村で氏名の記入例に「山田○○」はどの程度あるのか？

山田さんには日本人の代表的な名字というイメージがある。ところが、左のように、名字ランキングでは12位に沈んでいて、意外にもトップ10入りしていないのだ。

「単純に人数からでしたら、佐藤さんか鈴木さんなんです。にもかかわらず、『日本人の代表的な名字は？』と問われると、多くの方々が『山田さん』と答えてしまう。ここが山田さんのすごいところ。山田さんは人数ではなく、日本を代表しているところがあるんですよ」（名字研究家・森岡浩氏）

　山田さんのどういうところが、日本を代表しているのだろうか？　市区町村役所や銀行などの公共機関の記入例には、「山田 太郎」「山田 花子」「山田○○」など、山田さんが使われているイメージがある。そこから、山田さんが日本人を代表するというイメージができた可能性が高いとも考えられる。

　そこで、まずは……実際のところ、どのくらい、記入例として山田さんは使われているのか？　その実態をつかむべく、全国すべての市区町村へ徹底リサーチ。住民票の記入例を電話調査することにした。

おそらく史上初！　全国全市区町村住民票電話調査！

　市区町村の数は、北海道だけでも１８８、全国には１８９６もある。

　そこで、人海戦術。総勢22名

の調査員を配置、2日間で一人150件以上をノルマとして、電話での直撃取材を開始した。

調査員は山田が見つかったら、「山田札」をあげて報告する。

すぐに「山田札」があがると思いきや、なかなか札はあがらなかった。

日本の名字ランキング

1位	佐藤	200万人
2位	鈴木	175万人
3位	高橋	145万人
4位	田中	135万人
5位	渡辺	115万人
6位	伊藤	110万人
7位	山本	109万人
8位	中村	107万人
9位	小林	104万人
10位	加藤	87万人
11位	吉田	85万人
12位	山田	83万人
13位	佐々木	73万人
14位	山口	65万人
15位	斎藤（齋藤）	65万人

名字研究家・森岡浩氏調べ

山田さんの代わりに多かったのは、熊本県小国《おぐに》町なら「小国太郎」、奈良県奈良市なら「奈良太郎」……「自治体名＋太郎」「自治体名＋花子」という組み合わせだ。この組み合わせの記入例が一番、メジャーなようだ。

なかには、かなりユニークな

総勢22名の調査員が全市区町村に電話調査。山田○○という記入例を採用している自治体が確認できたら、右の山田札をあげることになっていたのだが……

記入例もあった。兵庫県西脇市の記入例は「愛 上雄（あい・うえお）」、「柿くけ子（かき・くけこ）」。埼玉県蓮田市は、市のマスコットキャラクター「はすぴぃ」から、「羽須 陽衣（はす・ぴぃ）」だ。長野県松川村は「松川 長寿郎」。これは松川村の男性の平均寿命が82・2歳で全国1位になったからだという。

それにしても、「山田札」はまったくあがらなかった。

岩手県山田町なら、「山田 太郎」「山田 花子」だろうと期待を込めて電話をしてみたところ……「佐藤一郎」だった。

岩手県は名字ランキングで佐藤さんが圧倒的な1位だ。

一方、山田さんはベスト50には入っているものの、名字としてやや馴染みが薄いのかもしれない。

調査開始から3時間。やっと、山田札があがった。北海道上士《かみし》幌《ほろ》町《ちょう》が「山田 太郎」だった。

「例として出すときに、一番先に出てくるような一般的ということで」（上士幌町町役場）

その後、山田札はぽつぽつと上がっていった。総勢22名で電話をかけ続けること、丸2日間。

はたして、日本全国1896市区町村の住民票の記入例に山田さんはどれくらいあったのか？

山田さんを記入例としている自治体はなんと1％弱！

驚きの結果がわかった。

記入例が山田さんだった市区町村は、わずか17件で0・89％！

最初に「山田札」があがったのは北海道上士幌町だった。記入例は「山田 太郎」

「自治体名＋太郎」「自治体名＋花子」が圧倒的多数で71・4％の市区町村が記入例としていた。その他、目立ったのはご当地系。新潟県佐渡市の「さどトキ美（さど・ときみ）」、熊本県熊本市南区の「熊本城（くまもと・じょう）」などだ。

ただ、住民票以外の記入例は山田さんが多いかもしれない。

追加調査として、都道府県の運転免許センター、銀行の記入例にもリサーチをかけてみた。

しかし、47都道府県の運転免許センターで山田さんは1件もなくて0％、銀行も都市銀行5行、地方銀行104行を調べたが、「銀行名＋太郎」が7割。山田太郎は三菱東京ＵＦＪ銀行の1行のみだったのだ。割合にして、0・91％と住民票とほぼ同じ。

山田さんが記入例になっているケースは実際は、多くない。というか、思ったよりもはるかに少なかった。

どうやら、公共機関の記入例の〝数〟は、山田さんが平凡な名字、日本人の代表的な名字というイメージをつくるほどではないようだ。

それなのに、記入例の代表と思い込んでしまう、山田さんの摩訶不思議。山田さん人口も含めて、〝数〟でないところに秘密があるようだ。

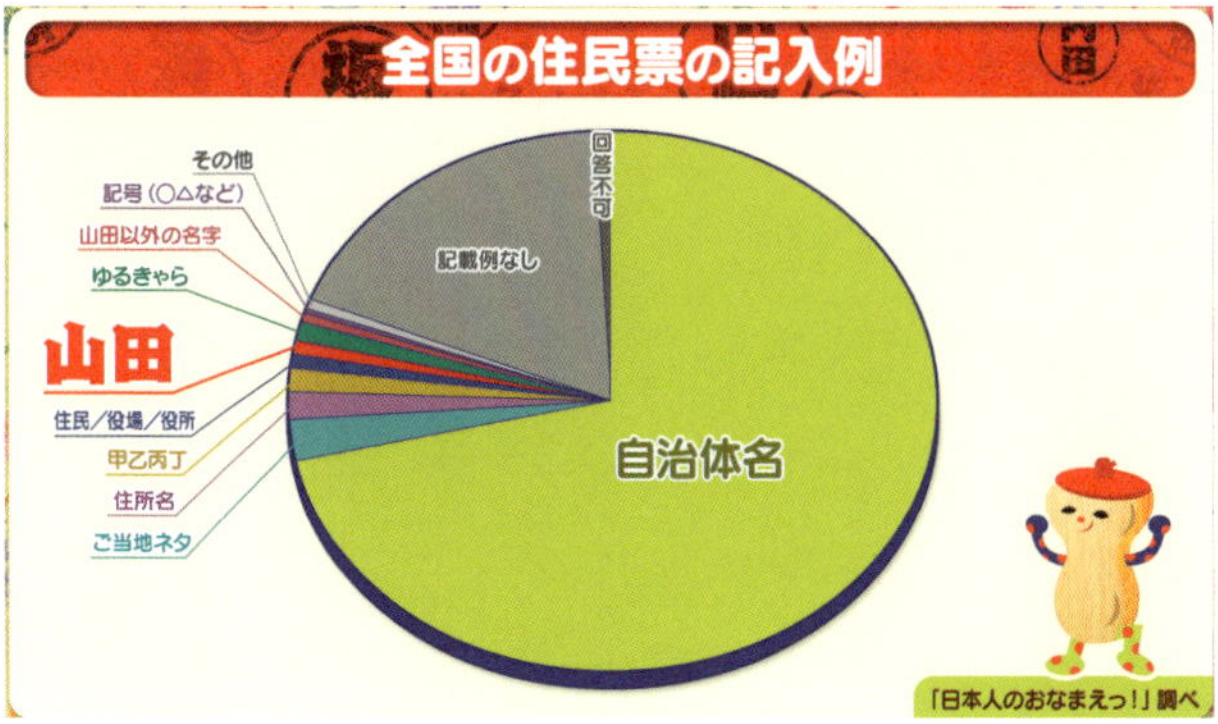

平凡なイメージがついてしまったのはマンガが原因？ それとも別な理由？

次ページ上の表のように、『ドカベン』をはじめ、『おじゃまんが山田くん』、『珍遊記 太郎とゆかいな仲間たち』、『となりの山田くん』、『山田太郎ものがたり』……山田さんが主人公になったマンガは数多く、しかも、アニメ化されたり、ドラマ化された作品も多い。

もしかしたら、山田さんが日本を代表する名字というイメージは、マンガやアニメなどによって、いつの間にか刷り込まれてしまったのかもしれない。

『ドカベン』の山田太郎が平凡イメージをつくった!?

山田さんが登場するマンガのなかでも、山田さんの印象がとくに強いのが野球マンガの金字塔、『ドカベン』だろう。

野球マンガの巨匠、水島新司さんが『週刊少年チャンピオン』（秋田書店）で1972年から1981年まで連載（高校野球編）。アニメも1976年から1979年までフジテレビ系列で全163話が放映されている。

主人公は山田太郎、ニックネームは「ドカベン」。ポジションはキャッチャー、右投げ左打ちのスラッガー。

だが、かっこいい万能のヒーローではなく、優しくて力持ちという異色の骨太な主人公だ。そのことも絶大な支持を受けた大きな理由である。

アニメの主題歌「がんばれドカベン」の歌詞「がんばれ　がんばれ！　ドカベン　や～まだ

た～ろう」、破天荒キャラ・岩鬼正美の「おのれ、や～まだぁ」とのセリフが耳に残っている方も多いに違いない。

70年代以降、もっとも有名でポピュラーな山田さん、『ドカベン』の山田太郎。『ドカベン』がいまの山田さんのイメージをつくったのではないだろうか？

そこで、作者の水島新司さんにその理由をうかがうと……次のメッセージをいただいた。

「全国の山田さま。はじめまして、水島新司です。まず結論から申し上げます。山田太郎を日本人代表の名前にしたのは、残念ながら私ではありません。

連載を始めたとき、既に日本人を代表する名前といえば山田太郎だという認識がありました。では、なぜ主人公をそんな平凡な名前である山田太郎にしたのか？　それはドカベンが当時、目立つ存在ではなかったキャッチャーに光を当てた物語だからです。キャッチャーに代表されるいわゆる〝縁の下の力持ち〟。

山田さんが主人公のマンガ作品

作品名	主人公
ドカベン（1972）	山田太郎
おじゃまんが山田くん（1980）	山田よしお
珍遊記 太郎とゆかいな仲間たち（1990）	山田太郎
となりの山田くん（1991）	山田のぼる
山田太郎ものがたり（1995）	山田太郎

©水島新司

それがいかに大事かをより強調するために、主人公以外を殿馬《とのま》、岩鬼など珍しい名前にして、主人公を最も平凡な名前。山田太郎にしたのです」

水島新司さんが『ドカベン』を描き始めた当初から、すでに平凡の極みの名字といえば「山田」、そして「太郎」というイメージがあったのだ。

となると、『ドカベン』よりも前に、山田さんに平凡なイメージをつけたのは、いったい誰なのだろうか？

1965年（昭和40年）、「新聞少年」という曲がヒット、一世を風靡《ふうび》した。

母子家庭の青年が、病母を新聞配達で支えるというストーリーがある楽曲だ。

「新聞少年」の山田太郎が山田さんイメージの大本!?

「僕のアダナを 知ってるかい」で始まる、正統派の昭和歌謡。曲中に「かあちゃん／早く元気になっておくれ」とのセリフも入る。貧しさにめげず、頑張る勤労青年の姿は共感を呼び、同年から『NHK紅白歌合戦』に3回連続出場。国民的スターとなったのだ。

その歌手の名前は、山田太郎。いま、山田太郎さんはこう語る。

「コンサートでお客さんが入りきらないので、舞台の緞帳《どんちょう》まできてしまって……。『舞台には上がらないでください、降りてください！』とアナウンスされてました。いまから考えてみれば、信じられない人気。当時、地方の若い人の多くは、中学、高校を卒業後、集団就職で夜行列車に乗って、ふるさとから都会へ向かう。『働いてこい』『頑張ってこい』と送り出されて、東京や大阪など大都会に集まり、ボクが『新聞少年』という曲を歌っているのを……まさに同じような年代の少年が頑張ってい る、俺らも頑張ろうって聴いて

資料提供／日本クラウン

くださっていたんです」

時代はあたかも高度経済成長期。日本人は一致団結して、経済大国を目指していた。

「新聞少年」の大ヒットとともに、山田太郎という名は日本中に浸透していったのだ。山田さんは続ける。

「終戦で焼け野原になって残ってるのは"山"と"田んぼ"。そんななか、頑張っていたのは、太郎さんと花子さん。デビュー当時、テキトーにつけられた芸名かと思ってましたが、いま考えてみると、そういうちゃんとした意味があったんです。"山"

があり、"田んぼ"があり、『山田』。日本を代表する『太郎』。という男の名前で『山田太郎』。日本を代表する名前なんだ、すごくいい名前だったんだと改めて、感じています」

番組が確認した限り、物語の主人公や記入例に、山田太郎の

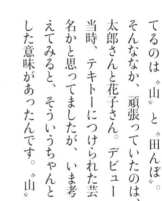

名前が使われ始めたのは、歌手・山田太郎さんがデビューした1963年、昭和38年以降。

　日本の定番の名前が「山田太郎」になったのは、この人の影響である可能性が高そうだ。

　いま、平凡よりも非凡のほうがいいという風潮がある。個性的で特徴があったほうが素晴らしい、と。だから、「平凡なヤツ」は褒め言葉にはならない。ところが、いま一度、高度経済成長期の日本人の気持ちを考えてみると……「新聞少年」という歌に登場する平凡な勤労青少年こそ、大切な存在だったのだ。

　当時、戦後の貧しい時代から、みんなが抜け出そうとしているところだった。貧しさから抜け出して、普通の平凡な暮らしがしたいと願っていたのだ。

「豊かになりたい」「今日よりも明日、明日よりも明後日、豊かになりたい」と日本人はみんな、願っていたのだ。古舘伊知郎さんはいま、こう考えている。

「かつては、みんなで平凡になろうというのが夢だった時代だったんです。高度経済成長期、みんなでいまの貧しさから底上げしようとしていました。その時代に大義をもって、生きようとしていたのです。ですから、現在とは平凡という言葉のニュアンスが違っていた。いまと全然違って、当時は、平凡は一番、平凡こそ安心できたんだと思うんです」

　山田太郎という名前は平凡の極み。だが、日本人みんなが、平凡の素晴らしさを知っていた……当時、その名前は共感や憧れとして、日本人みんなの心に響いていたのかもしれない。

高度経済成長期は平凡でありたいと願う時代だった。かつての田園暮らしと同様……

森岡 浩の 日本人のおなまえっ！知っ得情報

山田さんは、
日本全国ほぼ偏りなく、東北・関東中心にランキング上位に食い込む！

山田さんは地形由来の代表的な名字。日本は山が多く、可能な限り、山も水田として開墾しました。日本各地に“山田”があるため、満遍なく、山田さんはいるのです。

鈴木さんや斎藤さんは都道府県別ランキングで300位以下の空白区がありましたが、山田さんはすべてでトップ300入り。しかも、14府県でトップ10に入り、トップ50までに入っていないのは、4県しかありません。東西を問わず、全国に分布、どこでもフツーっぽい名字と言えるのです。

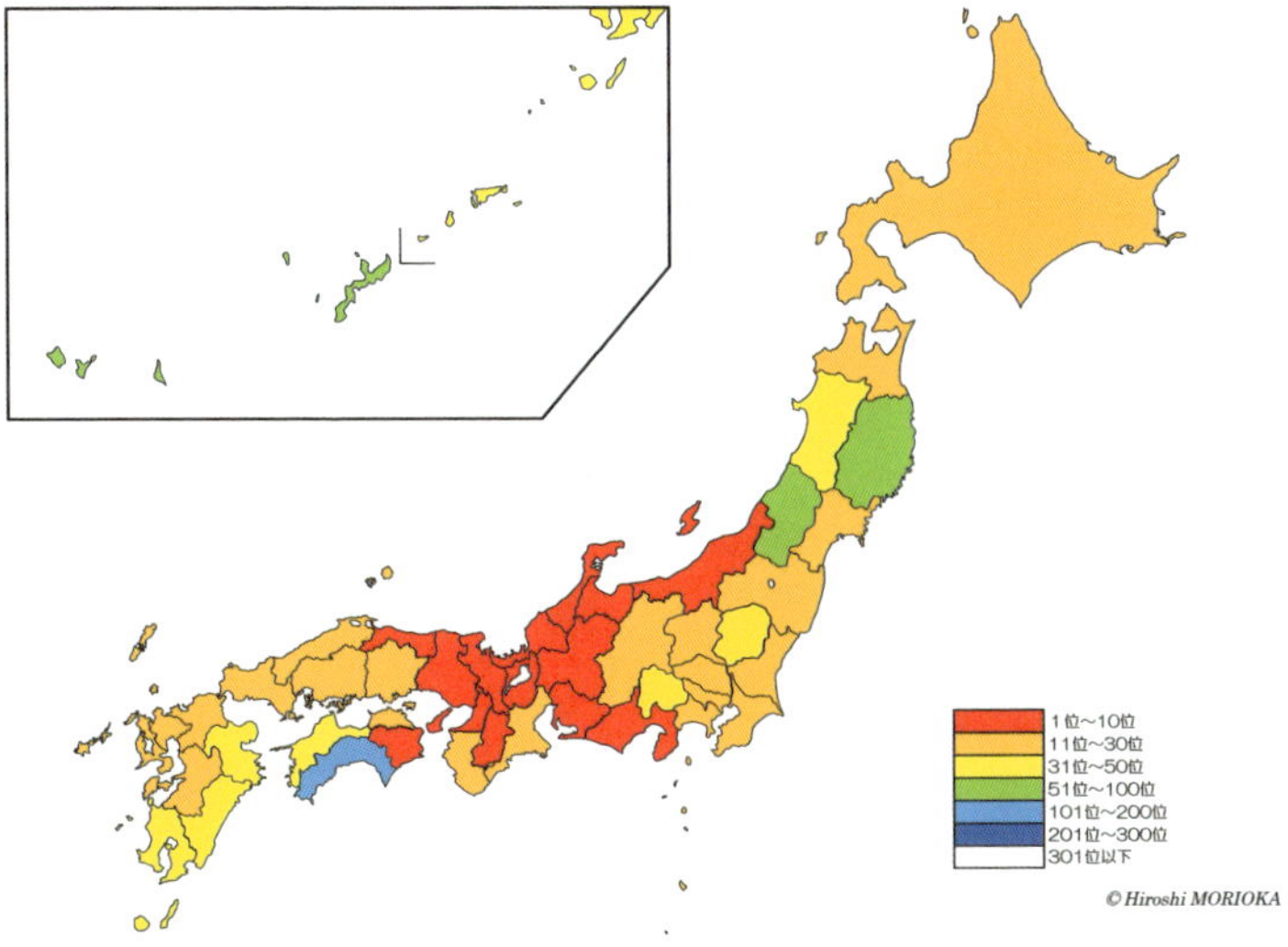

左／日本音響研究所の鈴木創所長。右／山田賢治アナウンサー

山田さんの「YA・MA・DA」という音に秘められていたすごいパワー!

山田さんの素晴らしさは、平凡だけで終わらない。なぜ、山田さんが日本人の代表的な名字に思えるのか?

それは、平凡なイメージだけでなく、「や・ま・だ」「YA・MA・DA」と声に出す響きにもあるのかもしれない。古舘さんはこう感じていると言う。

「『やまだ』って聞いて、曇り硝《ガラ》子《ス》をコインでギーとやったような嫌な感じとかがありますか? 絶対に感じませんよね。明るくて、前向きな、例えば、山でやまびこを楽しむときに口にする『ヤッホー』に近い、さわやかな響きがあります。それこそ、こだましているような、周りに響いているような感じがあるんですよ。まさに〝声に出して読みたい山田さん〟なんです」

なるほど、アナウンサーならではの分析。だからこそ、『ドカベン』の岩鬼の「や〜まだぁ」

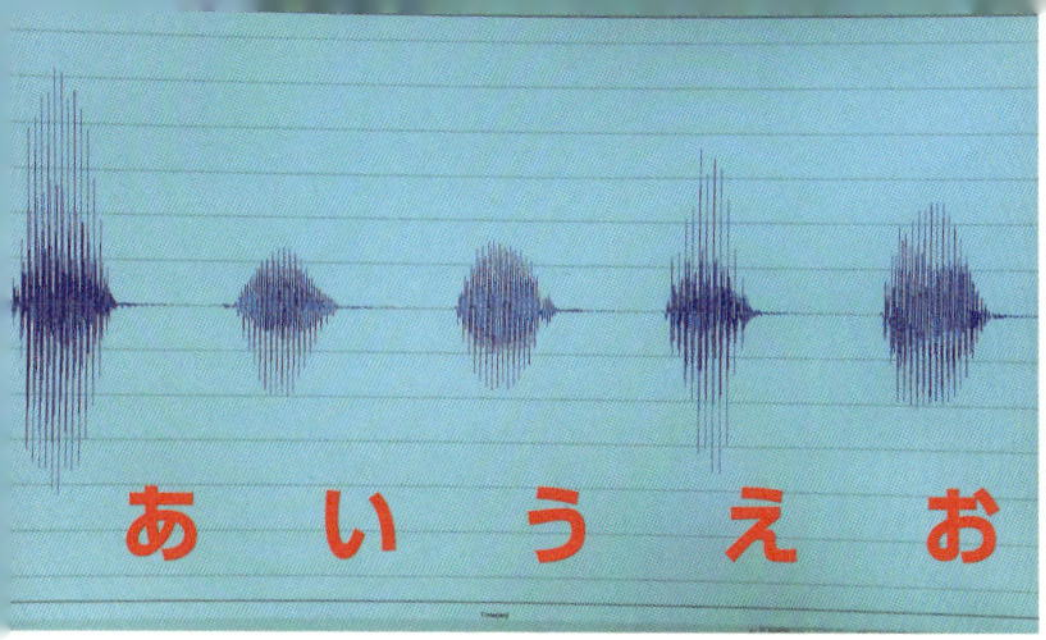

上のように、母音のうち上下の振幅が大きいのは断然、「あ」。振幅が大きいと、自然、音量が大きくなり、周りに伝わりやすいというメリットがある

が耳に残るのだろう。また、日本全国の山田さんの多くが「や〜まだぁ」と周りから言われたことがあるのも理由あってのことなのかもしれない。

このことを、科学的に証明することはできないだろうか？

世界初⁉ やまだの響きを最新機器で科学的に検証

NHKが誇る山田さん、山田賢治アナウンサーが取材に向かう。音響分析の専門機関、日本音響研究所だ。同研究所は犯人の声や航空機のボイスレコーダーなど、さまざまな音を科学的に分析。声紋や波長などから音声を識別して、犯人逮捕や事故原因究明に寄与することも多いという。

鈴木創《はじめ》所長は語る。

「『YA・MA・DA』という、3つの音の母音がすべて『あ・あ・あ』ということに、きわめて大きな特徴があります」

3つの音すべてに母音の「あ」が入っていることがカギになる？

それはどういうことか？

「『あ』は『あ・い・う・え・お』の母音のなかで、一番口を大きく開き、音声の放射状態が非常にいいんです」（鈴木所長）

上が母音の波形。左から「あ・

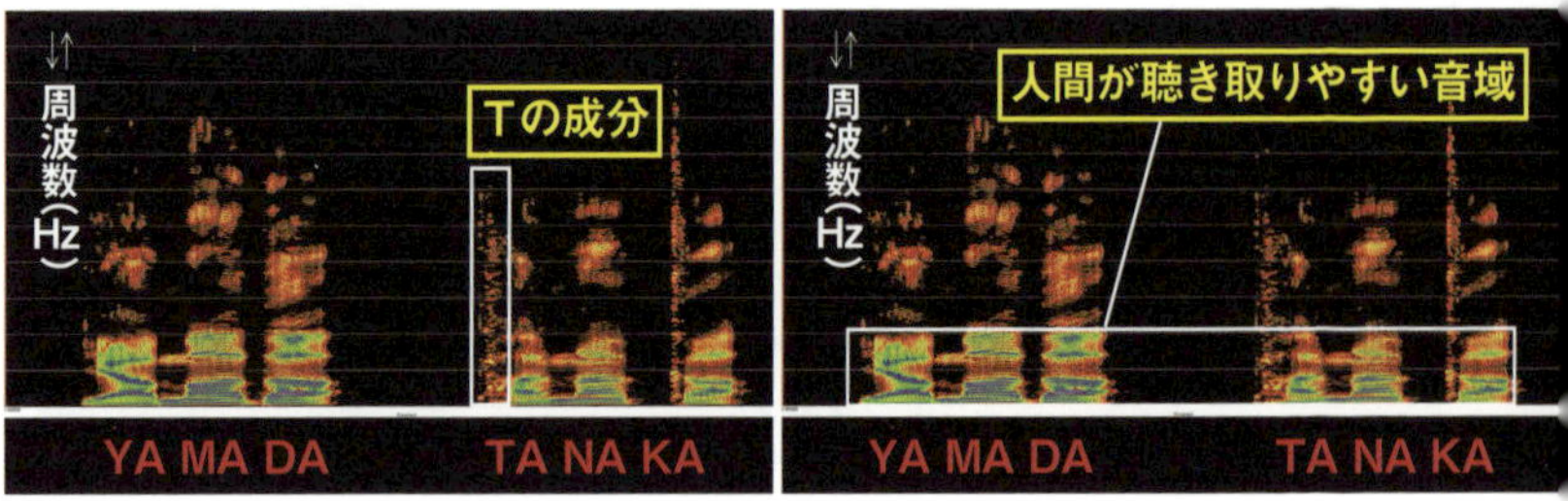

「YA・MA・DA」と「TA・NA・KA」。ともに母音は「あ」だけだが、周波数グラフを比べてみると、さまざまな微妙な違いがある。結果、「YA・MA・DA」は最強なのだ!?

い・う・え・お」だ。

「波形は振幅が一番、大きいものが一番、音量が大きいんです。言わずもがな、『あ』が一番大きい。つまり、遠くに伝わりやすいわけです」（鈴木所長）

騒音がひどい鉄道ガード下でも、山田さんは佐藤さん、鈴木さんより伝わりやすいのだ。

続けて、山田アナが声にした「やまだ」を録音。また、山田さん以外も、すべて母音が「あ」の名字もある。例えば、ランキング4位の田中さん。山田さんと同じく、田中さんも3つの音の母音がすべて「TA・NA・KA」と「あ」だ。そこで、「たなか」も録音した。

そして、同研究所の鈴木所長が「YA・MA・DA」と「TA・NA・KA」の響きを解析、比較してみると……衝撃の事実が明らかになったのだ！

「山田さんと田中さんは、群を抜いて聞きやすい名字なんです。ただ、周波数を分析してみますと、山田さんと田中さんには明らかな違いがあるんです」

上が「YA・MA・DA」と「TA・NA・KA」の周波数グラフ。横軸は時間、縦軸は周波数（Hz）、音が強い部分が青く表示されている。

右上のように人間の耳で聴き

取りやすい音域を見てみると、山田さんのほうが青い。つまり、山田さんのほうが音が強く、聴き取りやすいわけだ。

山田さんの「や」はストレスなく発声できる

「また、山田の『や』は発音しようとすると、まず、『い』の口のかたちから声を出して、『あ』のかたちに変えて声を出して、『や』と発声します。つまり、母音の『い』『あ』を組み合わせて、『や』と発音するわけです。一方、田中さんの『た』の部分を見ていただきますと、1本の線が出ていることがわかります。これが、子音『T』の成分なんです。この子音を入れて『あ』と言うと、『た』になります」（鈴木所長）

右ページ左上が、子音「T」の成分だ。普段は意識しないが、た行の「T」という子音を発音しようとすると、舌先を歯や歯茎の上につける。息を止めてから、舌先を勢いよく歯や歯茎から離し、息を出して破裂させて発音するのだ。

つまり、ちょっと手間がかかる。一方、や行は口を少しすぼめて「い」と言ってから、口を開けて「あ」と発音する。発声に無理がないので、ストレスなく、発音できるわけだ。

それでは、山田さんの2音目、「ま」はどうだろうか？

「ま行の子音には大きな特徴があります。子音の『M』は唇を閉じて上下の唇を合わせて破裂させてから開け、発声します。口唇破裂音と言うんですが、唇への刺激がとても強い子音です。このことは、ぱ行も同じ。初めて口にする言葉として、『ママ』『パパ』が多いのもこのため。また、ま行やぱ行など口唇破裂音は、唇を使って簡単に発声できます」（鈴木所長）

精神分析学者のフロイトは、

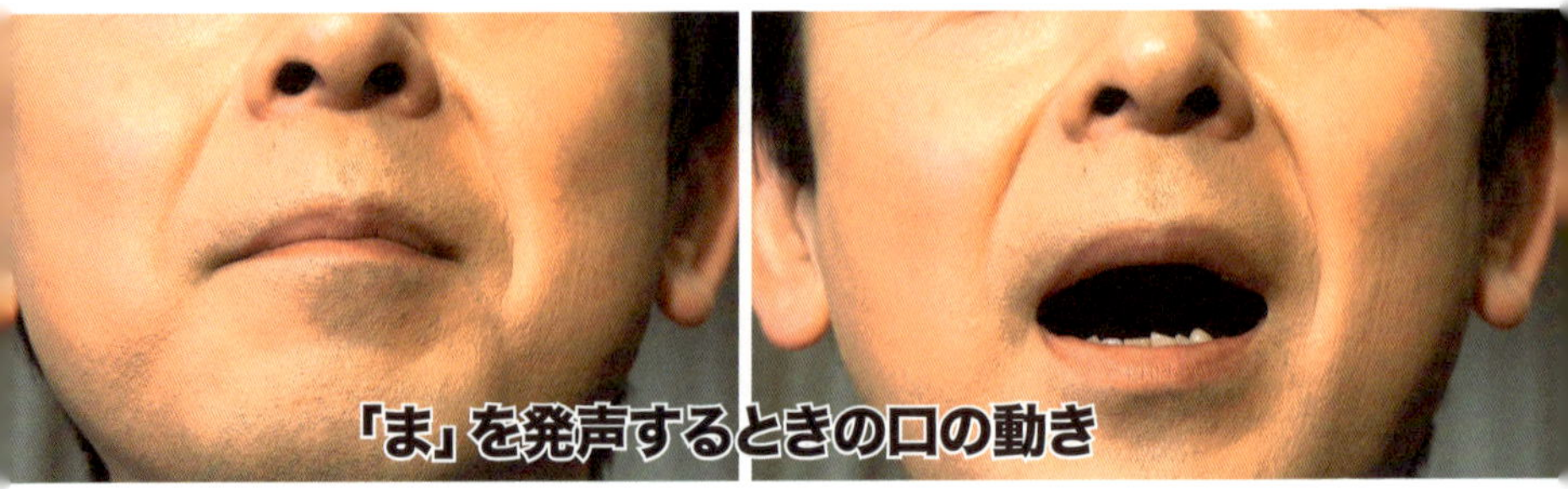

子音「M」を発声するときは口を閉じて唇を破裂させ、口を開けて母音「A」の音を出す。子音「M」は唇に心地よい刺激を与え、母音「A」は開放感があるので、気持ちいい！

人間には5つの性的発達段階があり、その第一段階として口唇期なるものがあると主張した。簡単に言うと、赤ちゃんは口から満足を得ることで、他人への信頼と楽観的な考え方が身についていく。それが、口唇期ということだ。ま行、ぱ行の子音を発音することは、唇に強い刺激を与える。だから、赤ちゃんも満足が得られやすいと精神分析学的にも考えられる。

「大人になってからも、ま行、ぱ行は発音すると、楽しい。山田さんの『ま』は、声に出すだけで気持ちがいい音なんです」（鈴木所長）

山田アナはこの説明を聞いて、ハッとするところがあった。

「子どもつながりのママ友、パパ友関係のなかで、私は『山田パパ』、妻は『山田ママ』って言われるんですけれど……」

もしかして、「山田パパ」「山田ママ」は最強なのだろうか？

「その通りです。なにせ『や』『ま』の後に、『だ』も控えているんですからね」（鈴木所長）

最後の音「だ」が華麗なるフィナーレを飾る！

山田さんの3つ目の音『だ』。この音にも不思議な秘密があるのだろうか?

「『だ』を発声するときは、上あごの歯茎のあたりに舌先を1回、つけてから離す。いわゆる歯茎破裂音なんですが、この『だ』を発声すると、口のなかが振動します。ですから、最後にこの『だ』という音があると、すごく余韻が残る。さらに、『飛ぶ→飛んだ』『住む→住んだ』のように、過去形が『だ』になる動詞があります。この『だ』という音は物語を終わらせるというか、過去のものにする、完結させるイメージを想起させる。つまり、音声が終わるときに、包み込むような意識が自然と働いてくるわけです」(鈴木所長)

「だ」は動詞の過去形にもなるが、物ごとをはっきりと断定する働きがある助動詞でもある。

また、「です」は「だ」をていねいなかたちにした助動詞だが、例えば「犯人はあなたです」よりも、「犯人はあなただ」のほうがより強いニュアンスを伝えることができる。

「やまだ」と発声するときの最後の音、「だ」は「YA・MA・DA」と発音するフィナーレを華麗に飾ってくれる音だったのだ。鈴木所長は続ける。

「音の基本構成は『パンダ』に近いんです。『パ』という口唇破裂音が入って、『ダ』で終わるところが同じ。音声的には名字界のパンダであり、スーパースターの素質があるんです。さらに、『YA・MA・DA』はもっとすごいところがあるんです。先ほども言ったように、『YA』は『Y《い》』『A』の2音と考えられます。それで、合計4音。『Y』が『起』、『A』が『承』、『MA』が『転』、『DA』が『結』――物語として理想的な起承転結、順序が見事に整って、気持ちがいいところがあるんです」(鈴木所長)

山田さんは、みんなが口に出して言いたい名字だったのだ!

山田さんが日本の代表的名字、記入例のイメージが強い本当の理由

次ページ上は室町時代ごろの庶民が暮らした集落を再現したジオラマだ。

「日本人に名字が広まったのは室町時代のことです。明治時代まで名字がなかったと思っているのは間違い。正式に名乗れなかっただけで、庶民も名字を持っていたんです。そして、このジオラマから、多くの名字の由来が説明できるんです」（名字研究家・森岡浩氏）

なかでも、山田さんはこのジオラマそのもの。〝山〟際にある〝田んぼ〟が山田さんの由来。このジオラマ全体が山田さんを表しているのだ。

そして、当時の名字は気軽に変えられたので、山田さんを名乗り続けたのは、みんなが名乗りたかったからだろう。山を切り開き、田んぼをつくった。山田という名字には、この国を自分たちが支えているという誇りが込められている。

実は、日本の名字の多くが地形を由来にしている。これは日本独特のことだ。一方、欧米などではスミス＝鍛冶屋、ミラー＝粉屋というように、職業に由来する名字が多いのだ。

「日本の名字の多くは、室町時代に生まれたと考えられます。そして、当時の人口の9割くらいは農民。このジオラマのような世界で、日本人の名字が生まれたのだと思います」（森岡氏）

日本の国土は8割が山。自然の恵みもあり、山が自然の要塞となり、自衛になる。

前述のように、庶民は山際の

集落に住んだ。そして、山田さんは地形由来名字の代表だ。
　それが、山田さんが日本を代表するイメージが強い理由のひとつと考えられる。

全国区に加え、「山」「田」は名字の使用頻度が高い！

山田さんが日本の代表的名字、記入例の見本のイメージが強い理由はそれだけではない。
　名字ランキングの1位の佐藤さん、2位の鈴木さんは東日本に強いが、トップ10圏外の県もあるくらい。ところが、山田さんは全国に偏りがない。
「全国区であることに加え、名字ランキング100位のなかで使われている漢字ベスト3は、1位『田』(23名字)、2位『野』(14名字)、3位『山』(9名字)。山田さんはこの二つを、兼ね備えているんです」(森岡氏)
　このことも、山田さんが日本の代表的名字、記入例の見本というイメージが強い理由だ。

上のジオラマのような世界が日本の原風景のひとつ。
そんななか、山田、古舘は自然発生した!?

part 5

不思議な読み方

名字

日本人のおなまえっ!

不思議な読み方名字

名字の読み方には
深い森のように謎が多い！

不思議な読み方をする名字はたくさんあります。例えば、日本人の名字ランキングで堂々34位の長谷川《はせがわ》さん。長谷川さん人口は全国で約38万人もあります。ただ、よくよく考えてみると……「長谷川」は普通に読んだら、「ながたにがわ」。長谷川《ながたにがわ》という川は日本各地にたくさんあるそうですが、長《なが》谷川《たにがわ》さんという名字はあまり聞いたことがありません。長谷川でなく、長谷さんでしたら、ギャグマンガの巨匠、赤塚不二夫さんの盟友、長谷《ながたに》邦夫さんという方がいらっしゃいますが……。「長」という漢字は「なが(い)」「おさ」「た(ける)」(訓読み)、「ちょう」「じょう」(音読み)で「は」とは普通、読みません。「谷」も「たに」「や」「きわ(まる)」(訓読み)、「こく」「ろく」(音読み)としか、読めないのです。これは、身近に長谷川さんという友人知人がいたり、女優の長谷川京子さん、俳優の長谷川一夫さん、長谷川博己さん、長谷川初範さん、『サザエさん』の長谷川町子さんほか、有名人も多いので、普通に読んでしまっているんだと思います。だから、なぜ「ながたにがわ」でなく「はせがわ」なのだと、疑問に思う人は少ないのでしょう。ただ、考えれば考えるほど、長谷川さんはとても不思議な読み方です。同じように、東海林《しょうじ》さんも不思議です。しかも、同じ東海林さんでも東海林《とうかいりん》さんもたくさんいらっしゃいます。これはどういうわけなのか？　なぞなぞのような難読名字も含めて、名字の読み方には、深い森のように謎がたくさんあるのです。では、その深い森に分け入っていくことにしましょう！

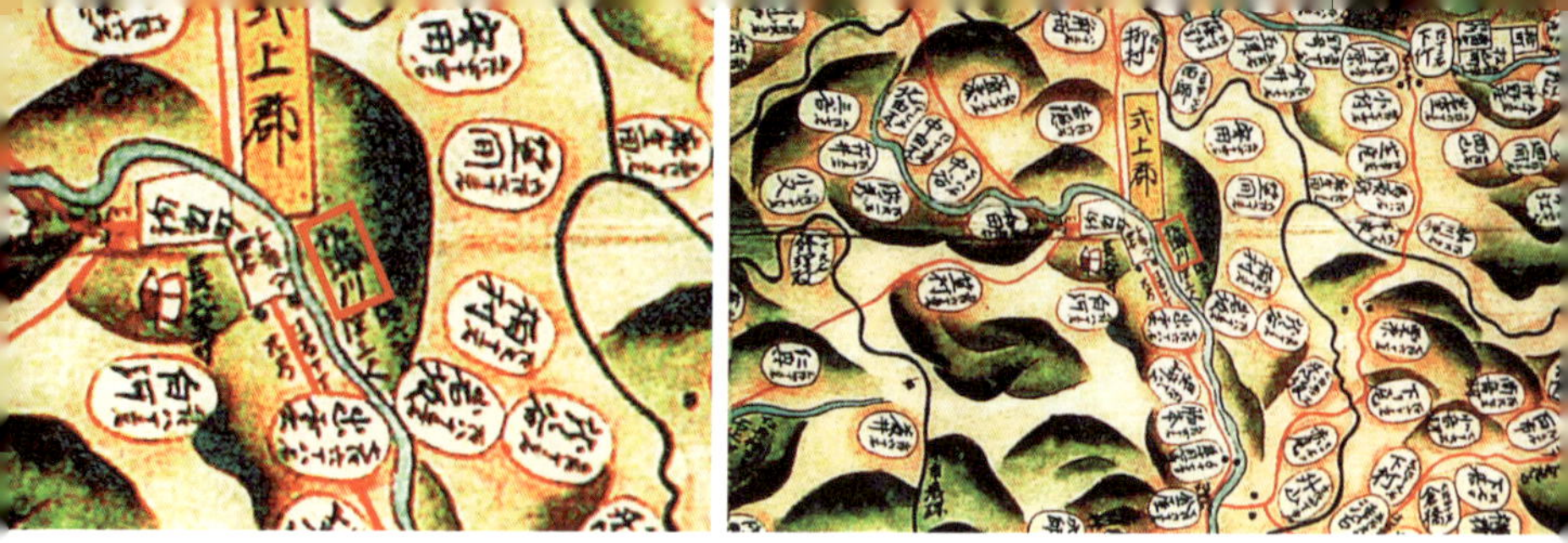

右／江戸時代の奈良県の古地図。左／右を拡大したもの。赤い四角囲みになっている「初瀬川」が、長谷川さんのルーツを探る大きなヒントになる！（国立国会図書館）

長谷川さんを「ながたにがわ」でなく「はせがわ」さんと読むのはなぜか？

長谷川さんはなぜ、「はせがわ」と読むのか？　そのヒントとなる資料を見つけることができた。右上の江戸時代の奈良県の古地図だ。左上の拡大した地図の赤い四角囲み部分に「初瀬川」という川がある。この川は初瀬川《はつせがわ》だったが、いつしか、初瀬川《はせがわ》と呼ばれるようになった。

初瀬川が流れているのは奈良県桜井市（大和国城上郡《しきのかみのこおり》）。奈良、大阪を流れる大和川の上流が初瀬川と呼ばれるのだ（ちなみに、大和川は下流で淀川と合流する）。

奈良県の初瀬川流域が長谷川さん発祥の地！

この初瀬川が長谷川の由来になったのだ。ただ、初瀬川《はせがわ》は長《は》谷川《せがわ》ではない。これはどういうことなのだろうか？

「上の古地図をよく見ていただ

初瀬川が流れる奈良県北部にある桜井市を訪れたクマムシ。やる気まんまん!?

ければわかるんですが、この初瀬川のところが長い谷になっていませんか？　ここが長い谷の川だということで、次第に長い谷の川と書く長谷川《はせがわ》に変わっていったんだと考えられます」（名字研究家・森岡浩氏）

　はせがわという読み方、音はそのままにして、長い谷という風景を入れ込んで長い谷の川、長谷川に変えた。初瀬川《はせがわ》から長《は》谷川《せがわ》にしてしまったのだ。

　もともと初瀬川流域に住んでいた人たちが名字を名乗るとき、生まれ故郷の初瀬川《はせがわ》にちなみ長《は》谷川《せがわ》としたわけだ。

「あえて名前にするくらい、初《は》瀬川《せがわ》にいいイメージを持っていたんだと思います。それで、音をそのままに長谷川《はせがわ》さんと名乗った。長谷川さんのルーツは初瀬川にあるんです。ですから、全国の長谷川さんの究極の故郷は、奈良県桜井市の初瀬川流域なんです」（森岡氏）

長谷川さんのルーツをクマムシが現地調査！

　長谷川さんたちは全国に散らばったにもかかわらず、この初瀬川が由来の「長谷川」を名乗り続けてきた。

　それだけ、初瀬川に愛着を持

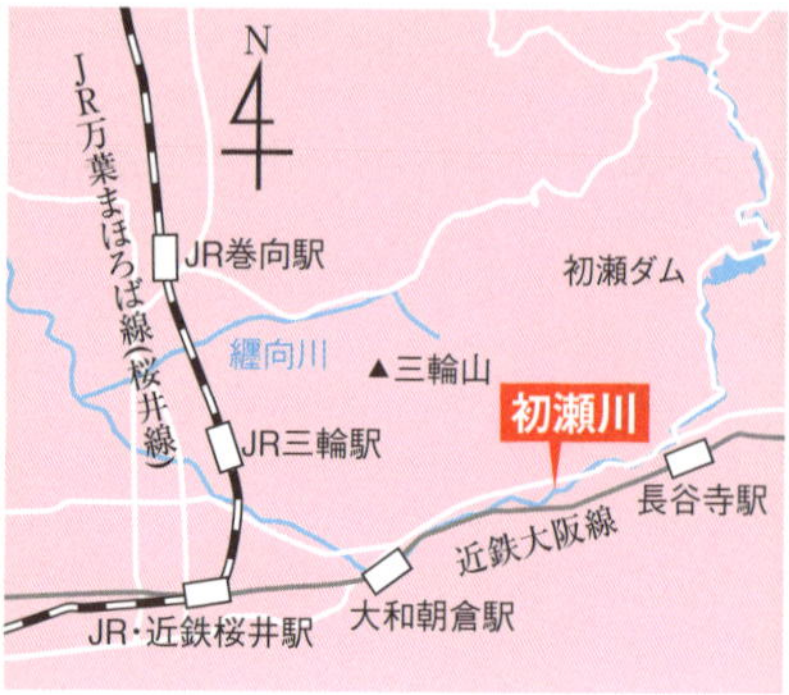

奈良県桜井市を流れる初瀬川。思ったよりも、普通の川。初瀬川の別名は三輪川。桜井市は三輪そうめんの産地として全国的に知られる

っていたのだろうが、どういうところに長谷川さんたちは惹《ひ》かれていたのだろうか?

ということで、お笑いコンビ、クマムシに現地調査へ向かってもらうことにした。

クマムシの「♪あったかいんだから〜」と唄うほうは長谷川俊輔さん、長谷川さんだからだ。相方の佐藤大樹《ひろき》さんは〝じゃない方《ほう》芸人〟として、付き添い。

「というわけで、奈良県桜井市に我々、クマムシがやってきました! 早速、初瀬川を探したいと思います」(長谷川さん)

桜井市は〝万葉のあけぼのの地〟と称される歴史ある街だ。

「風情があります」(佐藤さん)

「まだ初瀬川は見てませんが、長谷川の源、〝ハセ〟のパワーみたいなものを感じます。ここは長谷川のパワースポットなのかもしれない」(長谷川さん)

通りがかりの地元の方に川の場所を尋ねてみる。

「初瀬川ですか? ちょうど、通りの裏側になるんです。あそこの青い道路標識を右に曲がったら、川が見えますわ」

ルーツの初瀬川を初めて見る長谷川さん。自然とテンションがあがっていく。

せせらぎが聞こえてくる。川まですぐだ。ところが……。

長谷川さんのルーツ、初瀬川の歴史と日本の原風景的な美しさ！

「ごめんなさい。ボク、こんなに言葉にならないこと、初めてかもしれません。違う意味で。率直な感想、ほんと正直なこと、言っていいですか？　地味です。びっくりするくらい地味でした」（長谷川さん）

初瀬川はごくごくフツーの川だったが……

初瀬川《はせがわ》はどこにでもあるような普通の川だった。だが、古代にこの辺りに住んでいた人々は、この川を心から愛し、名字として名乗ったと考えられる……。

「よくわかりませんね。なので、地元の人に、聞き込みをしていこうと思います」（長谷川さん）

初瀬川のほとりには、8世紀に創建されたとされる、真言宗豊山派の総本山・長谷寺《はせでら》がある。寺名の由来は明らかではないが、本堂は初瀬山《はせやま》の中腹に建つ。初瀬川の〝長い谷〟にちなみ、長谷寺になった可能性は高い。

現在も長谷寺へ参拝客が日本全国からやってくる。この辺りは門前町として栄え、参道には店が建ち並ぶ。草餅が長谷寺名物。クマムシの二人は草餅の店「井上ぼたん堂」を訪ねた。佐藤さんがご主人に何がイチオシか聞いてみると……「焼草餅はあったかいですよ。オススメです」とのこと。

「チャンスですよ！」（佐藤さん）

「『♪あったかいんだから～』って知ってます？」（長谷川さん）

ところが、ご主人はまったくのスルー。長谷川さんはどこか

長谷寺の参道にある「井上ぼたん堂」であったかい焼き草餅を食べながら、聞き込みをするクマムシ。近くには前川という小川が流れ、生活用水として使われていた

さびしげに、焼草餅をほおばりながら、ご主人に話しかける。

「ボク、長谷川と言うんですが、長谷川の由来が初瀬川と聞いて、いま見てきたんです。長い谷の川と書くし、大きな川かと思っていたら……なんか、ちょっとあれって感じでした」

「私たちの子どもの時分と違って、水量が減ってます。ここは川が天然のプールで、みんな泳いでた。それがもう、水量が減って。でも、ここに小さな川が流れてまっしゃろ？　これは前川といいまして、大切な生活用水だったんですわ」（ご主人）

治水のため1987年に初瀬ダムが上流に完成後（108ページ地図右上参照）、初瀬川の水量は激減してしまった。

「ここには洗い場がありました。大根とか野菜を洗ったり、洗濯物を洗ったりしてた。裏のところへ井手をつくりまして、初瀬川に流してますねん」（ご主人）

はるか昔から、初瀬川は地域の人々の生活とともにあった。

古《いにしえ》の歴史と美しい日本の原風景が残っていた……

5世紀頃、長谷寺から数㎞西南の初瀬川流域に第21代天皇・雄略天皇が「泊瀬朝倉宮《はつせのあさくらのみや》」という都を置いたとされる。

そのため、雄略天皇が家臣たちに長谷川《はせがわ》と名乗らせて、その後、長谷川という名字が全国に広まっていったという伝承がこの地には、残されている。

クマムシが次に訪れたのは、長谷寺門前町の老舗旅館「長谷寺湯元　井谷屋《いたにや》」。この旅館の女将は半世紀以上前の初瀬川の写真を持っていた。

「この写真は昭和24、25年頃のものよ。しばらく前まで、こんなんでしたのよ」（女将）

初瀬川流域では、雄略天皇が配下を長谷川と命名。日本全国の領土に遣わせたという伝承が残る。真偽は不明だが、長谷川姓が広まった理由のひとつかもしれない

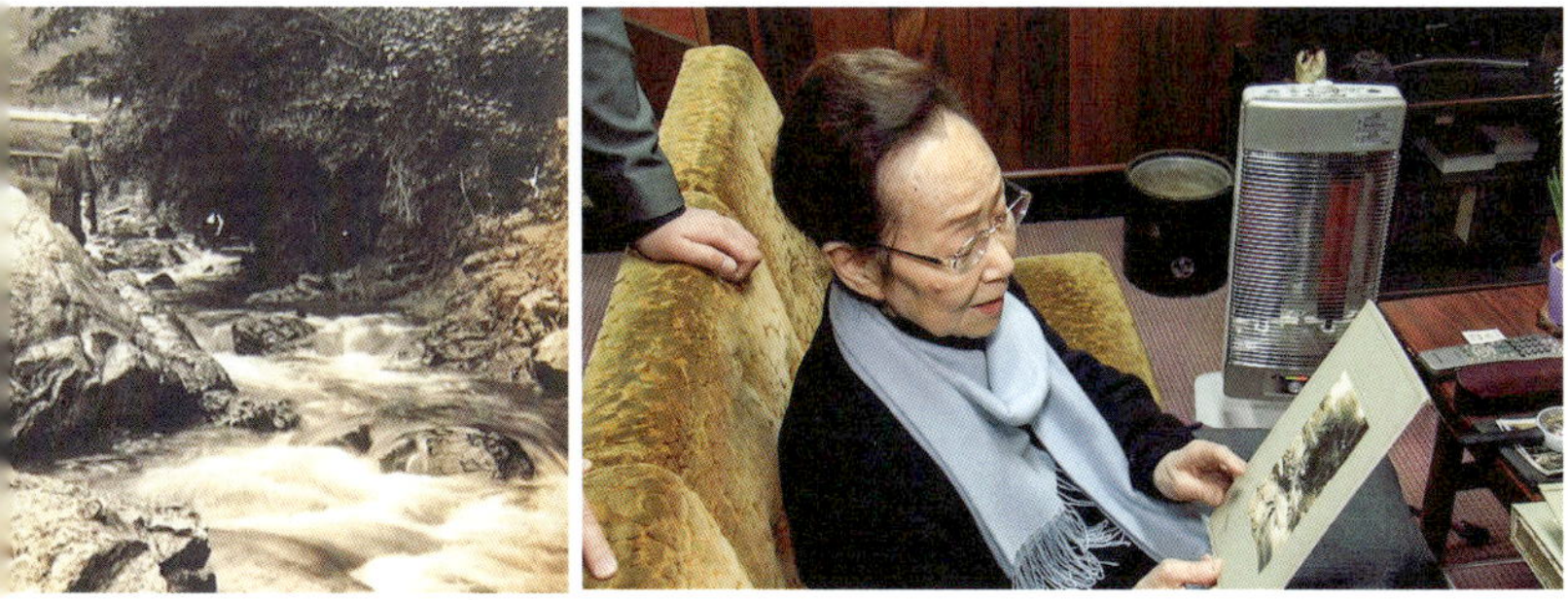
右／「長谷寺湯元 井谷屋」の女将。左／昭和24〜25年頃の初瀬川の写真

古代の川幅は現在の2倍以上あった。泊瀬という船着き場があり、遣隋使船、遣唐使船が着岸したり、藤原京造営の木材の運搬など、重要な水路だったのだ。その時代、初瀬川を詠《うた》った和歌を女将が教えてくれた。

「泊瀬川《はつせがわ》　白木綿花《しらゆうばな》に　落ちたぎつ　瀬をさやけみと　見に来し我を」（『万葉集』第七巻1107／作者未詳）

「初瀬川のたぎり落ちる水しぶきは白い木綿花のように美しい。そのすがすがしい流れを私は見にきた」という意味だ。古代から初瀬川は名所と知られ、『万葉集』には30首以上、初瀬川を詠んだ和歌が収められている。そんな古代の面影はまったく残っていないのか？

この旅館の川を見下ろせるビュースポットの部屋へ若女将に案内してもらった。

「やっぱり、すごく雰囲気ありますね」（長谷川さん）

秋の夕方、差した夕陽の赤に紅葉が映えて、素晴らしい風景が見られるという。

長谷寺は「花の御寺」と言われ、この地域では春の桜、新緑に牡丹《ぼたん》、初夏のしゃくなげ、秋の紅葉、冬の雪に寒牡丹……初瀬川を借景に四季折々の大和路を楽しめる。そこには日本の原風景的な美しさがあった。

だが、残念ながら……その部屋から見える初瀬川には、数々のゴミが不法投棄されていた。

「あそこまで降りてお掃除すればいいんですけど、ちょっと怖くていけないんです」（若女将）

「そういうときのために、ボクがきたんです」（長谷川さん）

というわけで、長谷川さんが晩冬の初瀬川を掃除。底冷えの大和盆地の川の流れは冷たい。

「♪あったかいんだから～、でなく、冷たすぎる。でも、全国の長谷川さんのために、長谷川を代表して、ボクが初瀬川の掃除をしま～す！」（長谷川さん）

名字にひらがな、カタカナがあまり使われない理由

日本にはもともと、文字がなかった。そこに、中国から漢字が伝わってきたのだが、漢字が意味することを日本古来の言葉の音で訓《よ》む一方、漢字で音を書き表わしていた。表意文字である漢字を表音文字として使っていたわけだが、このことは「借字《しゃくじ》」と呼ばれる。

右表の表音文字、ひらがなやカタカナが漢字を元にできたのは平安時代のことなので、奈良時代の『日本書紀』『古事記』も借字で書かれていた。ほぼ同時代の『万葉集』ももちろん、原文には固有名詞や訓読みする漢字以外、いわゆる、「万葉仮名」が使われている。例えば、右ページの和歌の原文は「泊瀬川　白木綿花尓　堕多藝都　瀬清跡見尓来之吾乎」。

なお、ひらがなは借字した漢字を草書体で書いていくうちに簡略化したもの、カタカナは借字した漢字の全体や部首で簡略化したものだ。

ひらがなの普及は、平安時代という古代・中世。そのため、世界的に見てもこの時代には珍しい、紫式部『源氏物語』、清少納言『枕草子』など、女流文学の興隆を生みだしたのだ。

ただ、ひらがなは「女文字」で、漢字は「男文字」。明治初期まで公文書は漢字が使われていた。戸籍制度ができて、全国民が公式に名字を持ったのも、明治初期だ。

名字にひらがな、カタカナが少ないのは、そのためだと考えられる。

无 ん	和 わ	良 ら	也 や	末 ま	波 は	奈 な	太 た	左 さ	加 か	安 あ
	爲 ゐ	利 り		美 み	比 ひ	仁 に	知 ち	之 し	機 き	以 い
		留 る	由 ゆ	武 む	不 ふ	奴 ぬ	川 つ	寸 す	久 く	宇 う
	恵 ゑ	礼 れ		女 め	部 へ	祢 ね	天 て	世 せ	計 け	衣 え
	遠 を	呂 ろ	与 よ	毛 も	保 ほ	乃 の	止 と	曽 そ	己 こ	於 お

ン 尓	ワ 和	ラ 良	ヤ 也	マ 末	ハ 八	ナ 奈	タ 多	サ 散	カ 加	ア 阿
	ヰ 井	リ 利		ミ 三	ヒ 比	ニ 仁	チ 千	シ 之	キ 機	イ 伊
		ル 流	ユ 由	ム 牟	フ 不	ヌ 奴	ツ 川	ス 須	ク 久	ウ 宇
	ヱ 恵	レ 礼		メ 女	ヘ 部	ネ 祢	テ 天	セ 世	ケ 介	エ 江
	ヲ 乎	ロ 呂	ヨ 與	モ 毛	ホ 保	ノ 乃	ト 止	ソ 曽	コ 己	オ 於

言語学者の金田一秀穂氏。杏林大学外国語学部教授、
政策研究大学院大学客員教授でもある

不思議な読み方の名字が生まれ、受け入れられてきたのはなぜか？

なぜ長谷川など、不思議な読み方をする名字が生まれ、受け入れられてきたのか？

国語辞典も編纂している言語学の重鎮、金《きん》田《だ》一《いち》秀《ひで》穂《ほ》氏を直撃することにした。

ちなみに、金田一氏の父は金田一春彦、祖父は金田一京助と三代続く言語学者の家系。祖父の京助は、横溝正史の小説『本陣殺人事件』ほかに登場する私立探偵、金田一耕助の命名のモデルであり、歌人の石川啄木の親友だった。

ひとつの漢字に何通りも読み方があるのはなぜか？

金田一氏はこう語る。

「例えば、本気と書いて『まじ』、四季と書いて『とき』と読む。秋の刀の魚で『さんま』とも読みます。そんなのは、普通、わかりません。おかしいですからね（笑）。ただ、基本的に、漢字は意味を伝えるもので、音を伝えるものではないという考え方があるんです」

どういうことか？　それは、

中国から初めて漢字が渡来した約1500年前にさかのぼる。

　漢字が伝わる前から、日本では大和言葉という独自の言葉を使っていた。例えば、左のイラストのように、稲の実のことをもともと大和言葉では「こめ」「よね」と言っていた。そこへ「米《まい》」という稲の実を表わす漢字が入ってきて、「米」を「こめ」「よね」と読むことにしたのだ。つまり、大和言葉に漢字を当て、「米《こめ》」「米《よね》」「米《まい》」と読むことにしたので、ひとつの漢字で読み方がいくつもある状態になった。

　漢字はものの形から生まれた文字。象形文字、表意文字と呼ばれる文字だが、「米」なら、左のような成り立ちがある。

「中国や韓国も漢字を使いますが、漢字の読み方は原則として

「こめ」「よね」という言葉はあったが、文字はなかった。中国から漢字という文字が入り、そこで「米(マイ)」は「こめ」「よね」と読むことにした。「こめ」「よね」が訓読み、「マイ」が音読みだ

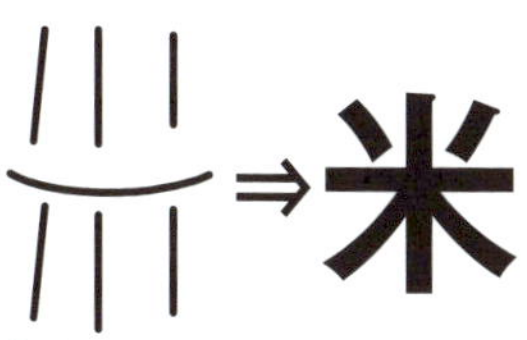

横線は穂、6本の縦線は実を表わす象形文字

ひとつ。日本は〝ふり漢字〟で、読み方も増えた」(金田一氏)

日本独特の〝ふり漢字〟が不思議な読み方を生んだ!

古代の日本人は、稲の実のことを「こめ《米》」「よね《米》」と書き表すようにしたということだ。

ちなみに、「米」という漢字の訓読みは「こめ」「よね」、音読みは「まい」「べい」だが、基本的に訓読みは「漢字の意味を表わす日本語の読み」、音読みは「昔の中国の発音をもとにした読み」。「米」の音読みは二つあるが、「まい」は呉音、「べい」は漢音。中国は『三国志』でよく知られるように、ひとつの国ではなかったため、さまざまな読み方がある。

さらに、日本人は現在でも、〝ふり漢字〟をしていると金田一氏は続ける。

「『五輪』と書いて、オリンピックと読みますが、『ごりん』と『オリン』と音が似ていますよね。無理があるんですけれど、うまいというか、絶妙にずるい(笑)。でも、わかるな、という」

オリンピックを「五輪」と書き表わすようになったのは、戦前、東京オリンピック招致が大きな話題だった頃。新聞記者が文字数を節約するため、編み出したとされる。「ワールドカップ」の「W杯」も、同じような事情だろう。「いたずら《悪戯》」「うるさい《五月蝿》」「いちょう《銀杏》」など、日本人は昔から、漢字の意味と音をうまく組み合わせて〝ふり漢字〟をしてきた。読みに漢字を当てる、〝ふりがな〟ならぬ〝ふり漢字〟。この文化こそ、不思議な名字を生み出し、受け入れられた理由だった!

清水さん、仁科さんも大和言葉の名字だった!

独特な日本文化、〝ふり漢字〟。

清水圭さんの「清水」は大和言葉「しみず」（きれいな水が湧いているところ）、仁科亜季子さんの「仁科」は大和言葉「に」（赤みがかった粘土質の土）、「しな」（河岸段丘の傾斜地）に由来する

それが名字の不思議な読み方にもつながっている。実は古代の言葉、大和言葉に〝ふり漢字〟をした名字も多い。

タレントの清水《しみず》圭さんの「しみず」、女優の仁科《にしな》亜季子さんの「にしな」も、もともとは大和言葉だったのだと名字研究家・森岡浩氏は語る。

「清水という言葉はもともと大和言葉。山の中できれいな水が湧いているところを『しみず』と言ったんです。全国各地で地名にもなっていますが、そこに漢字が入ってきて、『し』をどうするかというところで、清らかできれいな水が湧いていると『清』という漢字を当てた」

「清水の舞台」で有名な京都の清水寺の由来も、境内が建つ音羽山（清水山）の中腹から霊泉が湧いていること。だが、清水寺は清水寺《しみずでら》ではなく、清水寺《きよみずでら》だ。

「本来、『きよみず』と読むべきところ、格が高い清水寺のようなところ以外は別の読み方をしたと聞いたことがあります。

それで、『せいみず』と読んで、『せいみず』→『せみず』→『しみず』に変わっていった。ウソかもしれませんが……」（清水圭さん）

清水寺の創建は8世紀末と伝えられる。もともとの寺名は北観音寺。それが霊泉から湧き出て流れ落ちる「音羽の滝」の清水《しみず》が神聖なものと崇められ、「清めの水」として知られるようになってから、寺の名称が「清水寺」と改められたのだ。「清めの水」→「きよみず」で清水寺《きよみずでら》となったと考えるほうが自然だと言えるだろう。ちなみに、「音羽の滝」の清水は室町時代から茶の湯の水として使われ、「八功徳水《はっくどくすい》」とご利益がある水とされる。

「清水さんという名字は全国に多いんですけど、清水さん密度が高いのは群馬県と長野県、埼玉県の県境の山の中なんです。きれいな水が湧いているところですね」（森岡氏）

それでは、仁科という名字はどうなのだろうか？

「仁科」では、戦国時代の武将、武田信玄の五男、仁科盛信《もりのぶ》が有名だが、盛信は仁科亜季子さんのご先祖様だという。

「仁科さんという名字は、大和言葉の『に』と『しな』が由来。『に』は赤みがかった粘土質の土のこと。一方、『しな』は大きな川の周りの台地のことです。河岸段丘と呼ばれるんですが、河岸段丘は傾斜地です。ですから、仁科という名字は赤い粘土質の傾斜地が由来になります」（森岡氏）

仁科盛信は武田家出身だが、信濃国（現在の長野県）の領主、仁科氏を継承した。

ちなみに、長野県には仁科神明宮や仁科三湖もある。

また、更科《さらしな》や蓼科《たてしな》など「科」が付く地名も傾斜地が由来。長野県を流れる信濃川（千曲川《ちくまがわ》）の「しな」も同じ語源と考えられるという。

五月女ケイ子さんの五月女を「そおとめ」と読む理由

イラストレイターの五月女ケイ子さん。名字の五月女は「そおとめ」と読む。「さおとめ」と読みたいところだが、「そおとめ」だ。

「田んぼに稲を植える若い女性のことを『早乙女《さおとめ》』と言います。早乙女は栃木県に多い名字ですが、田植えが5月頃だったので、『五月女』と書いて『そうとめ』とも読むようになりました」(森岡氏)

五月女も栃木県独特の名字。ただ、なぜ「そうとめ」になったのだろう？

「もともとは『さおとめ』ですが、発音するうちに音便作用で『そうとめ』に変わったと考えられます」(森岡氏)

五月女さんは「そうとめ」でなく、「そおとめ」。これも、音便作用なのだろうか？

「すみません。実はペンネームです。本当は『そうとめ』ですが、だいたい『さおとめ』と読まれるんです。それで、『そうとめ』と言っても、『そおとめ』と聞こえる。で、面倒くさいから、『そおとめ』にしました」(五月女さん)

五月女さんが「そおとめ」なのは呼びやすさのためだった。ただ、名字の読み方の歴史では、こういうことがよく起こっていたと考えられる。

「どっちでもいいわけではないんですが……(笑)。でも、戸籍にはふりがなをふってありませんので、名乗れると言えば名乗れます。市区町村の住民基本台帳にはふりがながあるんですけれどね」(森岡氏)

氏名の読み方は、戸籍には記載されていない。一方、住民票には氏名の読み方があるが、これは市区町村の役所の都合上、登録してあるもの。市区町村長の裁量で変えることができるので、市区町村の住民登録の窓口に申告すれば、訂正できる。だから、五月女さんも名字の読み方を「そおとめ」に正式に変えることも可能だが……。五月女ケイ子はペンネームなので、変える必要はないかも!?

芸能レポーター、東海林のり子さん

東の海の林と書く東海林さんをなぜ「しょうじ」さんと読むのか？

ここまで見てきたように、長谷川《はせがわ》さんは不思議な読み方の名字だ。そして、東海林《しょうじ》さんも……なぜ、東海林《とうかいりん》さんでなく、東海林《しょうじ》さんと読むのか？　東海林《しょうじ》さんの深い森のような謎に迫っていこう。

東海林さんをどう読むか？　銀座・ホコ天で街頭調査！

謎の解明のために登場していただいたのは、芸能リポーターの東海林《しょうじ》のり子さん。銀座・歩行者天国で20年ぶりの街頭インタビューをしてもらい、なぜ東海林を「しょうじ」と読むのかを探っていくことにした。

「現場の東海林です。私、東海林の家にお嫁に来てから、数十年。どうして『しょうじ』と読むのか、全然、わかってません」

歩行者天国で道行く人たちに「東海林」というパネルを見せて、読み方、名字の由来を知っているかを聞いていく。まずは、30代の夫婦に声をかけてみた。

「東海林《しょうじ》さんですよね。東海林《しょうじ》のり子さんのこと、知っていま

すから」（30代男性）
だが、なぜ東海林《しょうじ》さんと読むのかはわからないと言う。中高年齢層はほとんどの人が東海林《しょうじ》さんと答えたが、誰もがなぜそう読むのかはわからない。
「東海林《しょうじ》さんとしか読めないですよ。東海林《しょうじ》さんというイメージしかない」（50代男性）
ただ、若い世代では……。
「熟語のようなものですか？ そのまま読んだら、『とうかいりん』かな」（15歳男性）
「土地の名前？」（20歳女性）
「とうかいばやし」（小学生女子）
東海林《しょうじ》と読めないばかりか、東海林が名字ということも知らない。若い人たちには、東海林《しょうじ》さんという名字の知名度も意外と低いようだった。

東海林さんが多く住む山形県で由来を現地調査！

結局、銀座・歩行者天国の街頭インタビューの成果は芳《かんば》しくなかった……そこで、スタッフは全国トップの東海林さん県、山形県へ向かう。早速、駅前で街頭調査を行ってみた。

驚いたことに、街頭インタビューした山形県民の方々は全員、「とうかいりん」という読み方だった。東海林《しょうじ》さんは山形では東海林《とうかいりん》さんなのだ。

なぜなのだろう？ 山形市内の東海林《とうかいりん》さんが多く住む地域に向かい、そのうちの一軒を訪ねた。東海林《とうかいりん》睦さん、稔さん兄弟。

「東海林《しょうじ》というのは違和感あり

東海林稔さん（左）、東海林睦さん

ますわな」（東海林睦さん）
「なんで東海林《しょうじ》なんて読むのやら」（東海林稔さん）
その後も、東海林《しょうじ》さんと読む理由には、なかなかたどり付けなかった。諦めかけていたところ、東海林《しょうじ》さんと東海林《とうかいりん》さんをつなぐ、有力な情報が入ってきた。東海林《とうかいりん》徳左エ門家15代目、東海林《とうかいりん》真知子さん。東海林家は江戸時代から400年以上、16代続く旧家だ。明治時代以前につくられた蔵には、江戸時代に書かれた地図や古文書などが数多く眠っている。
「この間、見つけて、驚きました。この隣の木箱の銘は『艹《くさかんむり》』の『荘』に『司』。これは『广《まだれ》』の『庄司』ですね」（真知子さん）
その後も、「荘司」「庄司」という名字が入った証拠を続々と発見。これは一体、どういうことなのだろうか？
しかし……なぜ「荘司」「庄司」と名乗っていたのかは、真知子さんにもわからないという。
名字研究家の森岡浩氏はこう説明してくれた。
「山形県には東海林という名字の方が昔からいました。ただ、本来の読みは東海林《とうかいりん》さんです」
それでは、なぜ東海林《とうかいりん》さんと東海林《しょうじ》さんと、違う読みの名字になってしまったのだろうか？
「その理由は職業にあります。奈良時代から戦国時代まで、荘園というものがありました。貴族など権力者の私有農地、農園ですが、持ち主は京都にいるので、現地で土地の管理をする人が必要になる。荘園を現地で管

上／東海林徳左エ門15代目、
東海林真知子さん

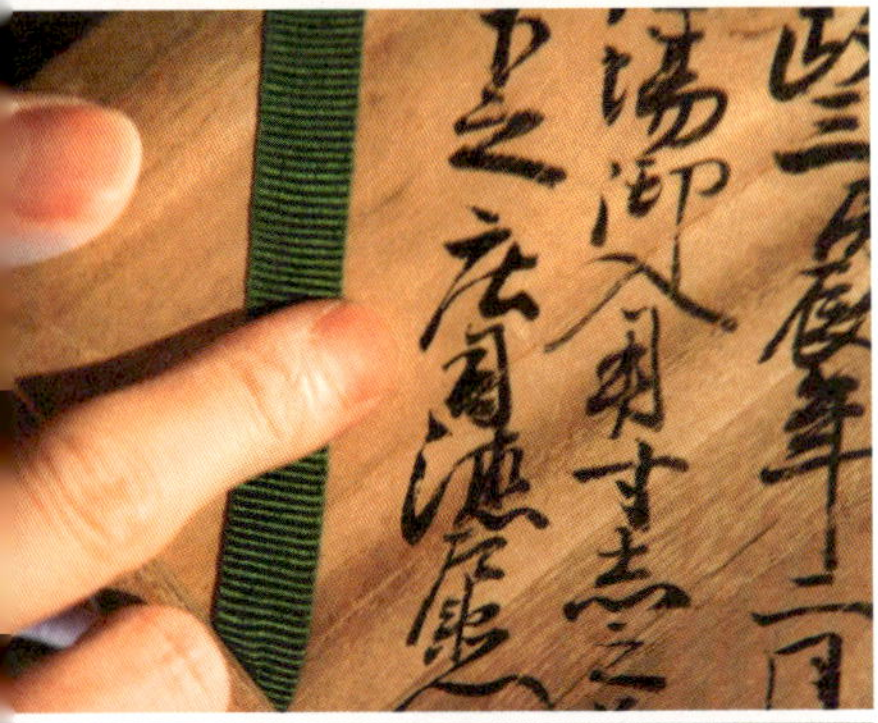

東海林家の蔵に眠っていた箱書きなどには「荘司」「庄司」という文字があった

理する人を『荘司《しょうじ》』と言いますが、山形県の有力者の東海林さんが、荘司に就いていた。それで、荘司《しょうじ》の東海林《とうかいりん》さんと呼ばれていたんですけれど、いつの間にか、東海林《しょうじ》さんになったと考えられます」（森岡氏）

山形県の東海林さんが荘司を務める荘園は、秋田県南部にもあり、秋田県に移り住む人もいた。そして、やがて秋田県に住む東海林《とうかいりん》さんは、東海林《しょうじ》さんと呼ばれるようになったわけだ。

「現在、秋田県は東海林《しょうじ》さんのほうが多いのに、山形県は東海《とうかい》林《りん》さんが９割以上と圧倒的。山山形県北部の荘園の管理人「荘司（しょうじ）」の「東海林（とうかいりん）」さんが、秋田県南部に移り住んで、「東海林（しょうじ）」さんと呼ばれるようになった

形県には他都道府県から転入してきた東海林《しょうじ》さんもいます。ですから、地元の東海林《とうかいりん》さんは、ほぼ東海林さんだと考えられます」（森岡氏）

　かつて秋田に荘園があった出羽国竹島庄（由利本荘市《ゆりほんじょうし》）と、現在、東海林《しょうじ》さんが多い場所がほぼ一致しているのだ。

東海林さんと読めるのは有名人が多かったから⁉

　それでは、秋田の東海林《しょうじ》さんたちが全国に移住していって、東海林《しょうじ》さんのほうが一般的な読み方になっていったということなのだろうか？

「そうとも言えないんです。全国的に見て、東海林《とうかいりん》さんと東海林《しょうじ》さんの人数を比べてみると、東海林《しょうじ》さんが極端に多いわけではありません。本当の理由は、本家の東海林《とうかいりん》さんよりも、歌手の東海林太郎《しょうじたろう》さん、東海林《しょうじ》のり子さんやマンガ家、エッセイストの東海林《しょうじ》さだおさん（本名は庄司禎雄）など、東海林《しょうじ》さんで有名な方がたくさんいたからなんです」（森岡氏）

　なかでも、東海林《しょうじ》さんを決定づけた有名人は、歌手の東海林《しょうじ》太郎《たろう》だ（1898〜1972年）。知らない人は「東海」「林太郎《りんたろう》」、

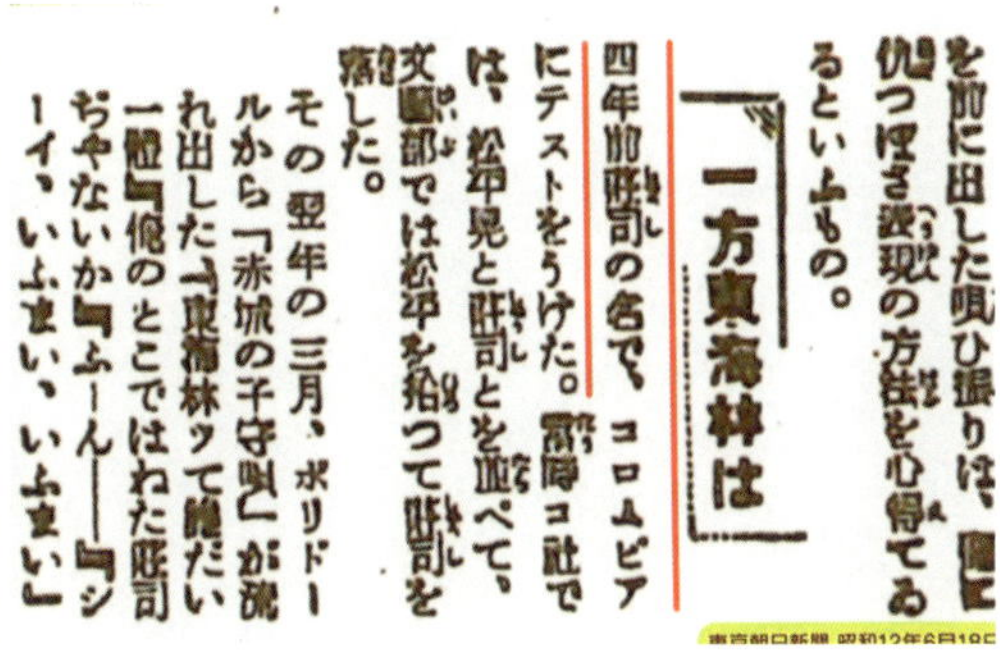

を前に出した唄ひ振りは、[illegible]
[illegible]つぽさ表現の方法を心得てゐるといふもの。

「一方東海林は」

四年前荘司の名で、コロムビアにテストをうけた。同時コ社では、松平晃と荘司とを並べて、文藝部では松平を拾つて荘司を落した。

その翌年の三月、ポリドールから「赤城の子守唄」が流れ出した『東海林ッて誰だい一體』『俺のとこではねた荘司ぢやないか』『ふーん――』『シーイ、いふまい、いふまい』

左／東海林太郎さん。(時事通信社) 右／「東京朝日新聞」1937年6月10日の記事

「東海林《とうかいりん》」「太郎《たろう》」、どこで区切ったらいいのかわからないが、昭和を代表する大人気歌手なのだ。秋田県出身。1933年（昭和8年）にデビューして、翌1934年に「赤城の子守唄」が大ヒット。『NHK紅白歌合戦』にも第1回をはじめ、4回出場。

中高年の方々には、丸めがねを掛けて、直立不動で歌う独特のスタイルが印象に残っていることだろう。そして、東海林太郎の存在こそ、東海林さんを東海林《しょうじ》さんと自然に読むことができる最大の理由だった。

ただ、東海林太郎も最初から、東海林《しょうじ》さんとして認知されたわけではない。東海林さんという名字の苦悩が出ているエピソードがある。

右上の、1937年（昭和12年）6月10日の東京朝日新聞の記事。「四年前荘司の名でコロムビアにテストを受けた」とある。当時、全国的には東海林《しょうじ》さんとなかなか読んでもらえなかったので、「荘司」名義でオーディションを受けたのだと考えられる。

ところが、デビュー時は、あえて東海林太郎とふりがな付きでデビュー。翌年に大ヒットを飛ばしたことで、東海林《しょうじ》さんが認知されるようになったのだ。

右・薬袋紀元さんと奥さん。名刺は読み仮名をふらないと、読んでもらえないという

いつか当たり前に読めるように!? 第二の〝東海林さん〟を探せ!

珍しい名字のなかにはもっと不思議な読み方をする名字もある。なぜ、そんなふうな読み方をするのか? 不思議すぎる読み方、驚きの由来を持つ名字をいくつか紹介していこう。

どれが真実か? 諸説紛紛《ふんぷん》 薬袋さんの読み方の由来

薬袋さんという名字がある。山梨県中央市と東京都昭島市などに比較的集中して分布。森岡浩氏による名字ランキングでは6000位ほどだ。珍しいけれど、極めつけに珍しいというほどでもない順位だ。では、はたしてどう読むのか?

「薬袋《みない》と申します。サラリーマンになったばかりの頃、ふりがながない名刺をお客さんに出しましたら、『これでは相手に失礼ですね。読めません』と叱られたことがあります。ただ、こ

薬袋さんが多く住む山梨県中央市浅利には、武田信玄が名づけたという伝承が残っているという

の浅利地域は１３５世帯くらいあるんですけど、そのうち薬袋は15～16世帯なんです」

　薬袋紀元さんはこう言う。山梨県中央市浅利（旧・東八代郡《ひがしやつしろぐん》豊富村《とよとみむら》浅利）にお住まいの方だ。

「この辺りではとてもありふれた名字なんです。逆に珍しいと言われて、へぇ～、そうなんだって（笑）」（薬袋さんの奥さん）

　名字は土地土地で珍しさが違う。だが、なぜ「薬袋《くすりぶくろ》」ではなく、「薬袋《みない》」と読むのだろう？

「武田信玄公が薬袋を落として、拾った者はいないかと高札を出した。村人が拾って届けたら、『中を見たか？』と聞かれた。けれど、『見ない』と答えたという。病を知られたくなかった信玄公は薬袋を拾った農民が中を見なかったことに感謝、『薬袋《みない》という名字を与えたという伝承があります」（薬袋さん）

　もともと、旧豊富町地区を治めていたのは、甲斐源氏の一族で平安末期から鎌倉初期の武将、浅利与一（義遠《よしとお》）。そして、その浅利一族のなかに、薬袋という一族があったと言われる。伝承では農民が取り立てられたことになっているが、浅利一族が「薬袋」を賜《たまわ》ったのかもしれない。

さらに、浅利地域は昔から無病長寿であり、富山の薬売りもやってこないので、薬袋を見ることがない。「薬袋を見ない」ので、「みない」と読むようになったという説も有力だ。

一方、山梨県南巨摩《こま》郡早川町の薬袋という地名が、名字の発祥となったとも言われている。

八月一日という日付がなぜ名字になったのか？

八月一日と書いて『ほづみ』と読む名字もある。旧暦の8月1日、現在の9月上旬頃、台風などを乗り切って、豊作になることを祈り、神様に摘んだ初穂を供える「八朔《はっさく》の祝」という儀式があった。八月一日さんの先祖がこの儀式を執り行っていたため、「八月一日」と書いて「穂摘み＝ほづみ」と読む。

八月朔日《ほづみ》さんと書くほづみさんもいる。朔日とは毎月一日のことで、同じ意味だ。

八月一日さんも八月朔日さんも北関東の名字だが、八月一日さんが群馬県が中心、八月朔日さんは茨城県つくば市周辺に多いという特徴がある。

「〇月一日という名字は他にもあります。例えば、四月一日《わたぬき》さん。旧暦の4月1日は衣替えなので、綿の入った着物から綿を抜いて袷《あわせ》にするので、『わたぬき』と読みます」（森岡氏）

なお、珍名として取り上げられる六月一日《うりはり》さんは実在しないと考えられる。この読み方は、旧暦の6月1日頃、瓜の実が割れることが由来とされるが、幽霊名字のひとつなのだ。

八月一日さんの由来はこの頃、豊作を祈る儀式を行っていたことだ

森岡 浩の 日本人のおなまえっ！ 知っ得情報

「幽霊名字」には

どんなものがあるのか？ そして、なぜ生まれたのか？

ありそうだけど、実在しない名字を「幽霊名字」と私は名付けています。幽霊名字は比較的日付の名字に多く、五月七日《つゆり》(旧暦5月7日に雨乞いの儀式をしたので)、六月一日《うりはり》さん、八月十五日《なかあき》さん(中秋の名月なので)、十二月一日《しわすだ》さん(師走だ！)、十二月晦日《ひづめ》さん(十二月三十一日とも書く／年末で日が詰まっているから)などは、実在しない名字です。

なぜ幽霊名字が生まれたのでしょうか？　次の4つの理由があると考えられます。

①定義を勘違いする　本名ではない名字、ペンネームや芸名、小説などに登場する名字を実在のものと勘違いして、広まってしまうことがあったのです。

②姓名間の区切りを間違える　例えば、安里積《あさとつみ》。これは、「安里《あさと》／積千代《つみちよ》」という沖縄の政治家の姓名間の区切りを間違えたものだと考えられます。他にも、「近新《こんしん》」は戦前の東京市助役の「近《こん》／新三郎《しんざぶろう》」、「清崟《せいきん》」も政治家の「清《せい》／崟太郎《きんたろう》」など、同じようなケースは枚挙に暇《いとま》がありません。

③誤植を信じる　例えば、石渡《いわした》。これは「いしわた」を「いわした」とした誤植だと考えられます。また、戦前、ふりがなには字の大小の区別はなく、例えば、「八田《はった》」は「八田《はつた》」と表記されました。そこで、「はった」と「はつた」を別の名字としてしまい、八田《はつた》という幽霊名字が生まれたのです。

④もともと信憑性のないもの　例えば、子子子子《ねこじし》や谷谷谷谷《たにかべやつや》。どう考えてもホンモノの名字とは思えませんが、おもしろ名字のネタとして紹介されるうちに、実在するものと信じられるようになったと考えられます。

part 6

日本人のおなまえっ！

○子さん お名前盛衰記

○子さんお名前盛衰記

お名前の流行には、
大きな理由がある！

「驕《おご》れる人も久しからず　ただ春の夜の夢のごとし」。『平家物語』の一説です。平家の時代の前に栄華を極めた藤原家も藤原道長が「この世をば　わが世とぞ思ふ　望月の　欠けたることも　なしと思へば」と詠んだほど、権勢をふるいましたが、やがて没落していきます。ということは直接、関係ないんですけれど、藤原家が栄えていた平安時代、皇族、貴族の女性の名前は○子さんだらけでした。例えば、『枕草子』の作者、清少納言が仕えたのは中宮定子《ちゅうぐうていし》（一条天皇の皇后／嫁ぐ前は藤原定子）で、清少納言の本名も「清原諾子《なぎこ》」説が有力。その後も、源頼朝の妻・北条政子《ほうじょうまさこ》、足利義政の妻・日野富子《ひのとみこ》など、歴史の表舞台に○子さんたちが登場しましたが、基本的に特権階級の女性の名前でした。しかし、明治時代後半から、庶民にも○子ブームが巻き起こりました。沖縄戦の悲劇の象徴、ひめゆり学徒隊の慰霊碑「ひめゆりの塔」には合祀されている戦没者の氏名が記されてますが、１９２７～１９３０年生まれの沖縄県立第一高等女学校の名前は○子さんが98％！　戦後もブームは続き、明治安田生命の「生まれ年別の名前調査」では、○子さんが１９１６年から１９６４年まで連続トップ。しかし、60年代に入ってから、徐々に「子」離れが始まり、１９８６年にベスト10からついに姿を消してしまったのです。なぜ、○子さんは爆発的なブームを呼んだのか？　そして、いま本当に消えつつあるのか？　その盛衰をたどりながら、○子さんという名前の深遠なる意味について、考えていきたいと思います。

5年ぶりにお名前ベスト10入り！ ○子さんに人気復活の兆しが⁉

女性のお名前の定番、○子さん。一時期は女子新生児の命名で9割以上の大ブームだったのにもかかわらず、2016年にはわずか3％になっているという（明治安田生命「生まれ年別の名前調査」）。

ただ、復活の兆しもある。同社の女子新生児のお名前ランキングで5年ぶりに○子さんがベスト10入りしたのだ。左ページの表のように莉子さんが5位に入り、占有率0・47％。ランキングには、花や自然にかかわる漢字が多いが、莉子さんの「莉」もジャスミンを意味する。ちょっとおしゃれな○子さんだ。

○子さんには、どこか古風なイメージがある！

ただ、左のように、ランキング30位に入っている○子さんは莉子さんだけだ。

一般的には○子さんのイメージはどうなのだろうか？

街頭インタビューしてみることにした。

東京・巣鴨で年配の女性。

「トメっていう名前なんだけど、やっぱり子が付いたほうがよかったですよ。トメより、トメ子のほうがいい」（トメさん）

続けて、渋谷駅前で男子。

「申し訳ないけど、ダサい」

銀座で40代の夕子さんと10代の娘の菜々美さんに聞くと……。

「やっぱり、○子は古いのかな？　そういえば、子がない名前に憧れていました」（夕子さん）

「昭和な感じかな」（菜々美さん）

ところが、原宿では……。
「普通にかわいいと思います」（10代の百恵子さん）
○子さんでない、二人組の10代女子にも聞いてみる。
「名前は『にっき』。『日葵』と書くんですが、覚えてもらいづらいし、たいがい『えっ？』って反応」（日葵《にっき》さん）
「○子さんという名前は覚えやすくていいかな」（優夢《ゆゆ》さん）
キラキラネームの女子たちにも高評価だ。さらに、最近、娘に○子と名づけた夫婦もいた。
「キラキラネームは、子どものときはかわいいけど、大人になってから、恥ずかしくなるかもと……陽奈子《ひなこ》と名づけました」（お母さんの絵里香《えりか》さん）
「古きよき時代の雰囲気がでると思う」（お父さんの隼人さん）

キラキラネームの反動で○子さんに再注目!?

ネット上ではキラキラネームは「DQN《ドキュン》ネーム」と揶揄《やゆ》され、○子さんを再評価する動きがある。古風な感じがする名前に注目が集まってきているのだ。名

2016年女子新生児名前ランキングベスト30

順位	名前	占有率
1位	葵	0.73%
2位	さくら	0.68%
3位	陽菜	0.56%
4位	凛	0.49%
5位	莉子	0.47%
5位	結菜	0.47%
5位	咲良	0.47%
8位	結衣	0.45%
9位	結愛	0.42%
10位	花	0.41%
11位	美桜	0.33%
11位	莉央	0.33%
13位	ひかり	0.32%
14位	芽依	0.31%
14位	杏奈	0.31%
14位	琴音	0.31%
14位	美月	0.31%
14位	一花	0.31%
19位	美咲	0.29%
19位	優奈	0.29%
21位	七海	0.28%
21位	美結	0.28%
23位	凜	0.26%
23位	杏	0.26%
23位	あかり	0.26%
23位	咲希	0.26%
27位	愛梨	0.25%
27位	ひなた	0.25%
29位	陽葵	0.24%
29位	愛莉	0.24%
29位	明莉	0.24%
29位	華	0.24%
29位	紬	0.24%

明治安田生命調べ

づけ相談を受けること、30年で10万人、命名研究の第一人者、牧野恭仁雄《くにお》氏はこう言う。

命名研究家、牧野恭仁雄さん

「名づけ相談で子のつく名前を考えている方が、最近、少しずつ増えてます。キラキラネーム流行の反動だと思いますね。名づけについて、歴史上、言えることは、その時代に最も人々が求めていて、得がたいものが表われるんです。○子さんは時代が欠乏していることを補う面があるのかもしれません。また、『子』が付く名前を好む方は、日本の伝統的なものに魅力を感じる傾向があると思います」

キラキラネームは、よく言えば、かわいらしく、個性的なイメージがある。だが、最近は増えすぎて当たり前になっているところもある。逆に、個性が感じられなくなっているため、やや古風に思われる名前の○子さんが、再び注目を浴びつつあるのかもしれない。

また、子が付く古風な名前はネットでは「シワシワネーム」と呼ばれるが、それも古さをあえて狙うというポジティブな意味で使われているのだ。

さらに、「子」という漢字は「一」（始め）と「了」（終り）という二つの字でできている。つまり、生まれてから死ぬまでを意味していて、幸子さんなら「一生、幸せに」、優子さんなら「一生、優しく」……という説もネットを通じて広まっている。俗説のようにも思えるが、そういう親の気持ちが込められることも間違いない。

確かに、○子は復活の兆しを見せているようだ。

平安時代のキラキラネーム、公家訓みは超難読!?

平安時代、ほぼすべての貴族女性は○子と名乗っていた。ただ、問題なのは名前にふさわしい漢字はそれほどないということだ。

現在も人名は常用漢字、人名漢字しか使えないことが、自由な読みを多用する「キラキラネーム」が増えた要因のひとつだろうが、平安時代にも同じようなことが起こっていた。○子さんの○を「公家訓《よ》み」という自由な読み方で読んでいたのだ。

現在は「名乗り」読みと呼ばれることのほうが多いが、例えば、「成」。本来の読みは音読みで「せい」「じょう」、訓読みで「なる」「なす」「なり」。ところが、公家訓みでは、「あき」「あきら」「おさむ」「さだ」「さだむ」「しげ」「しげる」「のり」「はかる」「ひで」「ひら」「ふさ」「まさ」「みち」「よし」……などと読むことができる。つまり、同じ成子さんでも、「なるこ」「しげこ」「あきこ」「のりこ」「ひでこ」「ふさこ」「まさこ」「みちこ」「よしこ」……さまざまな読み方ができるのだ。

理由は他の○子さんとの差別化だが、台頭する武家階級に教養の差を見せようとしたという説もある。まさに、平安時代のキラキラネームだ!?

ちなみに、菅原道真《すがわらのみちざね》の「真(さね)」、源頼朝《みなもとのよりとも》の「朝(とも)」は名乗り読み。権威づける意味もあったようだ。

一方、公家訓みでなくても、すごい読み方の○子さんはいる。名前界で有名なのは、藤原明子。彼女は皇族以外で初めて摂政に就いた藤原良房の娘で清和天皇の母だが、明子を何と読むかというと……「あきらけいこ」! 長らく「めいし」と読まれていたのだが、父・良房が『古今和歌集』の和歌の前段でひらがなで書いていたため、正しい読み方がわかった。

「明」には「あきらけし」と訓読みができるので、「あきらけしこ」が音便で「あきらけいこ」となったと考えられるが……。ちなみに、明子の息子、清和天皇の妃になった藤原高子の読みは「たかいこ」。字面は普通だが、キラキラ感を感じなくもない!?

○子さんの歴史をさかのぼると、意外なことばかり浮かび上がる!

子の付く名前の歴史、起源をたどっていくと……たどりつくのは、古代の中国だ。

「子」の意味は言うまでもなく「子ども」だが、「君子《くんし》」「王子《おうじ》」、さらには老子、孔子、孫子、墨子《ぼく》、孟子、韓非子《かんぴ》などなど、「先生」、賢い男性という意味が込められた尊称になった。やがて、「高貴な男性を表す」ようになり、日本でも使われるようになった。

歴史の授業で習った人名でも、古代に子が付く男性がいたはずだ。

小野妹子《おののいもこ》、蘇我馬子《そがのうまこ》、中臣鎌《なかとみのかま》子《こ》(藤原鎌足《かまたり》)……飛鳥時代、奈良時代には、賢い男性の象徴として、子が付いていた。そもそも女性ではなく、男性の名前に付けられていたのだ。

ちなみに、文献に残る最古の女性の○子さんは『日本書紀』の美濃国造《みののくにのみやつこ》の神骨《かむぼね》の娘、兄遠子《ゑとおこ》、弟遠子《ととおこ》という美人姉妹。第12代景行《けいこう》天皇(在位71~130年)が噂を聞きつけ、皇子・大碓《おおうす》を美濃まで派遣した。ところが、大碓は姉妹を横取り。天皇の怒りをかい、都に入れてもらえなくなったという。

平安時代、貴族女性に○子さんが激増した!

その後、高貴な女性にも「子」が付けられるようになっていったのだが、まだまだ珍しかった。女性の○子さんが激増するのは平安時代に入ってからだ。

平安時代の第52代嵯峨《さが》天皇(在位809~823年)が文人、

小野篁《おののたかむら》に出したとされる「なぞなぞ」が左だ。ちなみに、小野は苦もなく読めたという。

嵯峨天皇が文人、小野篁に出題したとされる「なぞなぞ」!?

正解は――「ねこのこ　こねこ　ししのこ　こじし（猫の子子猫　獅子の子　子獅子）」。

「子」は「ね」「こ」「し」「じ」と読めるからだ。ちなみに、前述のように、「子子子子《ねこじし》」という幽霊名字もある。

平安時代初期、この嵯峨天皇が、皇女への命名法を改めた。内親王の名前は○子さんとすることにしたのだ。それ以降、このしきたりは現在も皇室に残っている。皇室の女性は、内親王の愛子様、眞子《まこ》様、佳子《かこ》様……と「子」が付く方々ばかり。いまだに連綿とその流れが続いているわけだ。やがて、○子さんは貴族社会に広まり、平安後期には記録に残っている貴族の女性はすべて○子さんというほどの大ブームとなった。

ただ、これは皇族や貴族など特権階級の女性だけのことだ。一般庶民の女性には○子さんはあまりいなかったという。

絶滅の危機から明治以降、奇跡の大復活！

室町時代に入っても、貴族社会での○子さんブームは続く。例えば、三代将軍・足利義満の妻は日野業子《なりこ》、日野康子《やすこ》、藤原慶子《よしこ》、源春子《はるこ》と、○子さんだらけなのだ。

しかし、室町時代も半ばを過ぎると、ブームは収束に向かっていく。というのも、○子さんという実名はそもそも成人（裳《も》着《ぎ》という儀式）のときに付けられるものだった。ところが、世の中が混乱してきて、成人の儀式が行われなくなったため、○子さんという実名を持つ女性も減っていったのだ。そのため、○子さんは叙位（位を受けること）や任官（官職に任命されること）された貴族の女性以外、ほとんどいなくなってしまった。

この傾向は明治時代初期まで続き、皇族や上流階級では○子さんは命脈を保っていたものの、全体として絶滅危惧種になってしまったのだ。朝ドラ『あさが来た』のモデル、広岡浅子は小石川三井家六代当主・三井高益《たかます》の四女として幕末に京都で生まれた。いまでこそ普通の名前のように思えるが、貴重な○子さんだったわけだ。

そんななか、○子さん復活の大きなきっかけがやってきた。1872年（明治5年）、前年に成立した戸籍法によって、戸籍がつくられたことだ。すべての国民が姓（氏）、名前を持つことになり、女性もそれまでの童名（幼名）、通常名でなく、全員が実名を持つことになった。そこで、華族（公家や大名家）の娘の名前は「○姫」だったが、「○子」として戸籍に登録した。

この流れは明治中期になると、一般庶民に広がり、○子さんは急増していく。○子さんは国民的レベルで大復活を遂げていくのだが、なぜ再び、一大ブームを呼んだのだろうか？

謎のカギを握る男、通称〝子おじさん〟！

その謎の鍵を握る人物こそ……井藤伸比古《いとうのぶひこ》さん。子を趣味で研究している、通称〝子お

左／“子おじさん”こと井藤伸比古さん。
右／『「子」のつく名前の誕生』（橋本淳治・井藤伸比古著／仮説社）

じさん〟だ。〝子おじさん〟は古今東西、「子」にまつわるものなら、何でもコレクション。『「子」のつく名前の誕生』（仮説社）という共著書まである。

とにかく、○子さんに首ったけなのだ。○子さんの話をするとき、〝子おじさん〟はとびっきりの笑顔になる。

○子さんにハマったきっかけは、小学校の先生をしていたときの、ある出来事だったと言う。

「久々に1年生の担任をしたとき、○子さんが少ないことにすごく驚いたんです。なぜ、○子さんが減ってしまったのか？　調べ始めたんですが、なかなか答えが見えてこない。それなら、自分でやってみよう、と。『子』はいつから増えて、いつから減ったのか？」

謎を解き明かす方法とは――各時代の資料に登場する○子さんをひたすら数えることだ。井藤さんはまず、自身の出身校、愛知県豊田市立挙母《ころも》小学校の『創立１３０年史』（１９９３年刊）に載っている卒業者名簿から○子さんを数え始めた。

それをグラフ化してみると、敗戦の１９４５年をピークにして、鮮やかな山型になった。そして、○子さんが増え始めるのは、１９００年（明治33年）頃だということがわかった。

ただ、増え始めたらしい1900年以前のことも調べないと、その頃から増え始めたとは言えない。しかし、挙母小学校の『創立130年史』の卒業者名簿では、明治期の卒業者たちは「明治卒業」とひとまとめにしてあった。また、1校だけでは資料として不十分だった。

そこで、1877年（明治10年）からの日本各地の小学校10校の卒業者名簿を調査、○子さんを数え上げたのだ。『「子」のつく名前の誕生』では1988年までの約4万人の卒業生女子の集計結果を発表しているが、井藤さんはその後、2016年まで約4万5000人を集計している。

結果、下のように1900年頃から○子さんが増え始めていた。そして、1945年の約80％がピークだった。

なぜ、1900年頃、○子さんはビッグバンを起こし、ブームになっていったのだろうか？ なぜ、敗戦の1945年がピークだったのか？ さらに、なぜ、高度経済成長期とともに○子さんは減っていったのだろう？

なぜ○子さんは大ブレイク、ブームになったのか？

1900年頃、なぜ○子さんにビッグバンが起こったのか？井藤さんは、当時、行われた〝アイドル総選挙〟がその理由のひとつと考えている。

明治24年に開催されたアイドル総選挙！

1890年（明治23年）11月、東京・浅草に凌雲閣《りょううんかく》という八角形の高塔が完成した。赤煉瓦づくりで高さ52m、「浅草十二階」と呼ばれたとおり12階建て。東京の高層建築物の先駆けだった。この凌雲閣には8階まで、日本初の電動式エレベーターが設置されていたことも、大きな話題になった。

ところが、エレベーターは故

日本初のアイドル総選挙の会場になった「浅草凌雲閣」。高さ52mの12階建て（東京都立中央図書館）

右／「東京百美人」エントリーリスト。左／一等になった新橋「玉川屋」玉菊さん

障が頻発、開業半年の翌年5月に当局の指導で運転停止に追い込まれてしまった。

「夏のかき入れどきを前に、最大の呼び物を失ってしまった。暑い盛り、階段を登るのはつらい。そこで、どうしようかと考えた結果、アイドル総選挙が企画されたんです」（井藤さん）

美人の写真を見ながら、階段を登れば、暑さもまぎれる。現在のミスコン、いや、AKB48選抜総選挙の先駆けのようなイベントが、1891年（明治24年）7月から、東京最大の繁華街、浅草で開催されたのだ。

「『東京百美人』というイベントです。12階の展望台までの階段の壁に美人たちの写真を展示。入場者が投票。投票券は大人8銭の入場券と引き換えでした。何回も入場すれば、何回も推し美人に投票できる。AKB48選抜総選挙とよく似たシステムだったんです」（井藤さん）

明治中期、芸者さんの約15％が○子さん！

「東京百美人」では、1週ごとに得票を集計して上位5人を毎週発表、最終的に総合得点を競うはずだった。

だが、〝太客《ふときゃく》〟の大量投票な

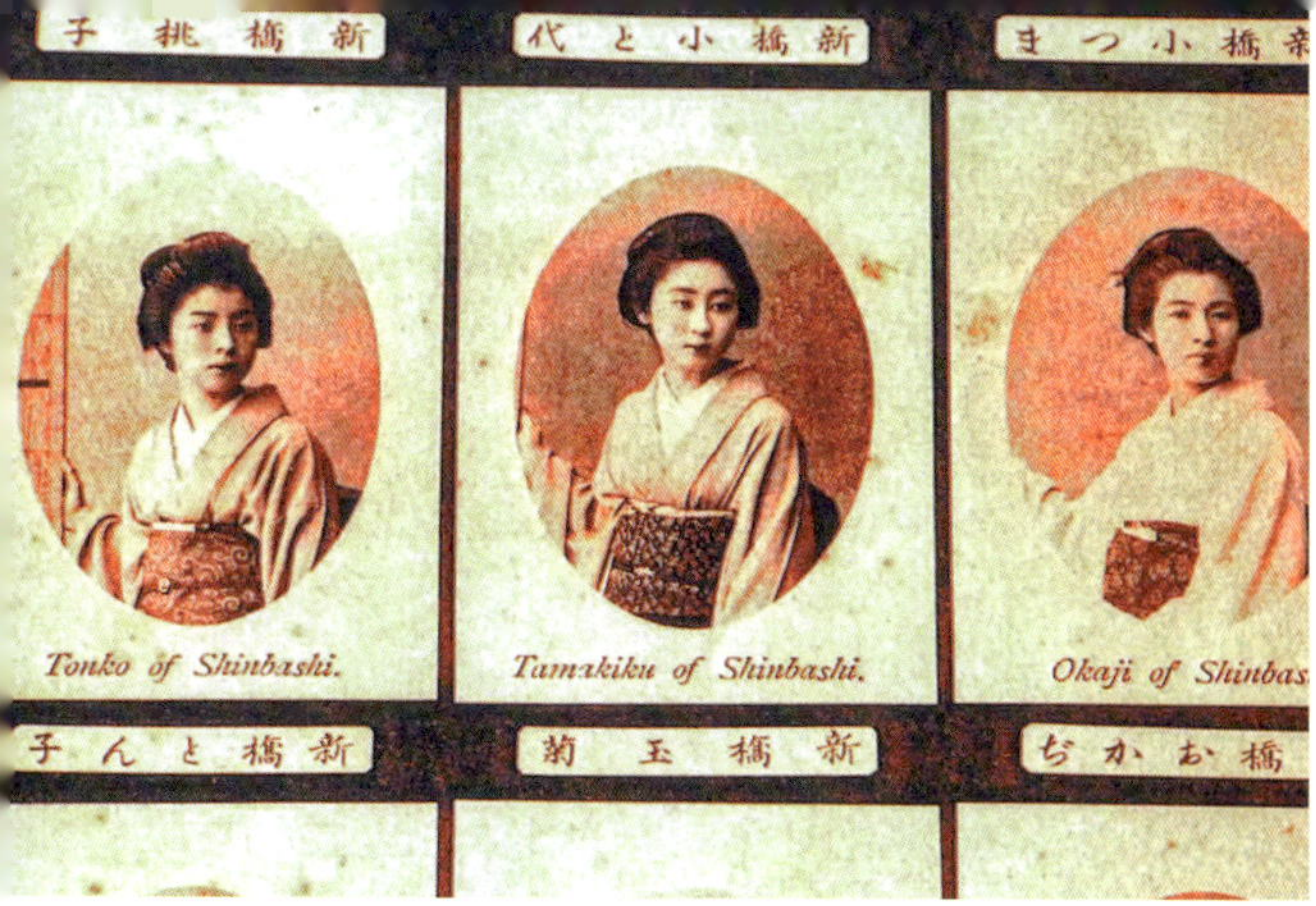

102人中、15人の芸者さんが○子さんだった！

ど、投票運動の過熱化で、システムにさまざまな修正があったという。そして、彼女たちの本職は……。

「芸者さんたちです」（井藤さん）

芸者の旦那衆たちが贔屓《ひいき》筋の〝太客〟になっていたわけだ。「東京百美人」にエントリーされたのは102名（右ページ右上の写真は105名いるが、3名は世話人）。

その中から○子さんを探していくと、新橋・春子さん、新橋・豆子さん、新橋・愛子さんをはじめ、新橋・桃子さん、芳《よし》町《ちょう》・八千代子さん、新橋・とん子さん、新橋・たつ子さん、新橋・濱子さん、芳町・三子さん、柳橋・たま子さん、吉原・かめ子さん、新橋・つま子さん、新橋・ゑり子さん、芳町・〆子さん、柳橋・てい子さんと、102人中15人で14・7％だったのだ。

なお、当時の東京最大の花街、新橋からのエントリーは47人、そのうち○子さんは9人で19・14％とさらに高率だった。

この時代、「子」が付く名前の女性は、1％ほどだった。なのに、芸名に子を取り入れた芸者さんはこんなにもいたのだ。

明治時代、芸者さんは庶民のアイドル的存在だった。広告のモデルを務めたり、おしゃれを先取りするファッションリーダーでもあった。「東京百美人」

は人々を熱狂させて、翌々年まで3回、開催。

芸者の○子さんたちが、○子さんの伝道師になった可能性は高い。

「当時、○子はまだまだ高貴なイメージが強かったんですが、ファッションリーダーだった芸者さんたちが先取りして、○子さんと名乗った。それを庶民が憧れて、真似をしていって、○子さんがブームになっていったんだと思うんです」(井藤さん)

なお、総得票4万8000票超のなか、センターに輝いたのは、2162票を集めた新橋の玉菊さん(144ページ写真左)。2位は新橋の桃太郎さん、3位は新橋の小と代さん、4位は新橋のあづまさん、5位は柳橋の小つるさん、6位は新橋のおゑんさん、7位は柳橋の小高さん。残念ながら、○子さんは〝神7〟に一人も入れなかった。

明治中期、上流階級で○子さんは9割超え!

明治中期になると、上流階級では○子さんは圧倒的多数になっていた。

井藤さんの調べでは、1887年発行の『華族名鑑』に載っている女性の名前で○子さんは354人中344人、なんと97・17%が○子さんだった!

『日本の女性名』下巻(角田文衛著/教育社歴史新書)によると、高等女学校(現在の中学1年生から高校2年生)で○子さんが50%を超えたのは、社会階層や地域によって違うという。

華族女学校では1895年(明治28年)、東京府立第一高等女学校では1925年(大正15年)、福島県立福島高等女学校では1937年(昭和12年)に50%を超えた。おそらく中流階級、庶民階級へと徐々に○子さんが広まるなか、ビッグバンが起こっていったのだろう。

右／津田梅子。左／津田は1900年（明治33年）、女子英学塾を開校（津田梅子資料室）

〝新しい女〟たちも○子さんブームを強く後押ししていった！

○子さんブームの火付け役となったかもしれないのは、ファッションリーダー、芸者さんたちだけではない。明治期に登場した、女性の教育や地位向上のための文化活動を推進したカルチャースター、新しい女と呼ばれる人たちだ。井藤さんは語る。

「まずは、日本初の女子留学生、津田梅子さん（1864〜1929年）。グローバルで自立した女性を育成するため、津田塾大学の前身、女子英学塾を創設しました。そして、『みだれ髪』で赤裸々に恋の思いを歌った歌人の与謝野晶子さん（1878〜1942年）です」

津田梅子たちの○子は本名ではなかった！

ただ、彼女たちの○子さんは、本名ではなかった。

「津田梅子さんの本名は『むめ』

と書いて、『うめ』。与謝野晶子さんは『志よう』と書いて『しょう』なんです。津田梅子さんは1902年に戸籍上も『津田梅子』に改名しましたが、彼女たちは『子』を付けることで、新しい知性ある女性であることをアピールしたんです。そして、当時の人たちは『子』が付く女性を、社会で輝くシンボルであると感じた。それが、1900年のビッグバンにつながっていったのではないかと私は考えています」（井藤さん）

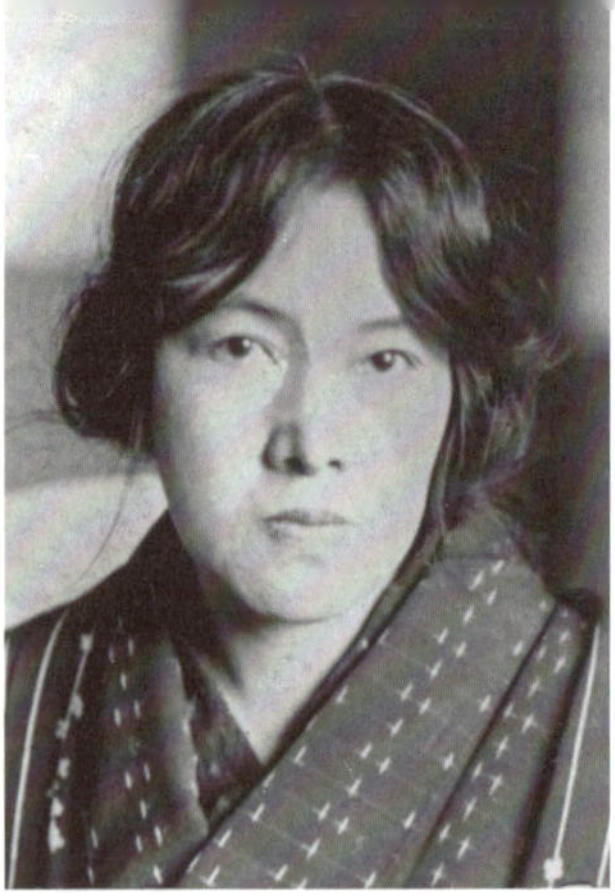

右／与謝野晶子（時事通信社）
左／彼女の歌集『みだれ髪』

「元始、女性は太陽であった」で知られる女性解放運動家、平塚らいてう（1886～1971年）。彼女の戸籍上の本名は平塚明《はる》だが、平塚明子《はるこ》とも名乗っている。実際、雑誌『青鞜《せいとう》』の発起人は平塚明子名義だ。また、彼女も含めた発起人女性5名は全員○子さん、青鞜社の社員17人中女性16人のうち、○子さんは15名。○子さんだらけだ。

もちろん、平塚だけでなく、『青鞜』に集った人たちのなかでも、○子さんが本名ではなかった女性は多かっただろう。

だが、○子さんと名乗ることで、自ら新しい女であることを主張していたのだ。

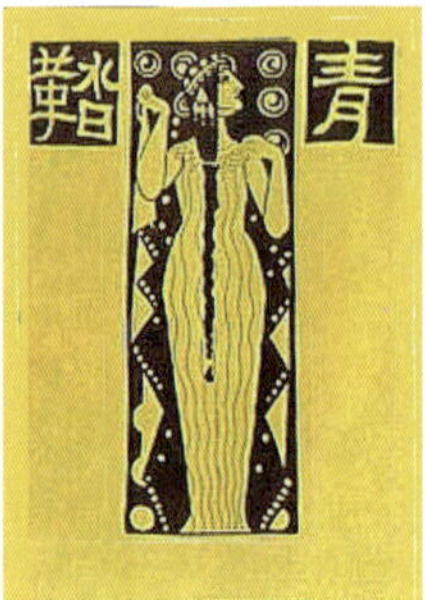

『青鞜』創刊号

昭和2年(1927年)子ベストテン	
★ 1	和 子
★ 2	昭 子
★ 3	久 子
★ 4	照 子
★ 5	幸 子
★ 6	美 代 子
★ 7	光 子
★ 8	文 子
★ 9	信 子
★ 10	節 子

1920年代、銀座の街をモガ(モダン・ガール)が闊歩していた

昭和中期まで○子さんがお名前ベスト10を独占していた！

明治安田生命では個人保険、個人年金保険の加入者を調査対象に1989年から「生まれ年別の名前調査」を発表。この調査には1912年(明治45年／大正元年)からの男の子、女の子別の名前ベスト10もある。そこで、このランキングから、○子さんがどのくらい女の子の名前を席巻、やがて衰退していったのかを見てみることにしよう。

「子」がつく名前は時代の映し鏡――ランキングを見るだけで、昭和の世相が丸わかりになる!?

昭和2年は「和子」「昭子」が1位、2位！

大正から昭和へ元号が変わった翌年の昭和2年(1927年)。新しい時代の幕開けを飾った、第1位は？　上のように、和子さんだった。

新元号の「昭和」の「和」と

「子」で、和子。平和の子という意味も込められている。

　なお、2位も「昭和」の「昭」と「子」で昭子さん。和子さんと昭子さんでワンツーフィニッシュの快挙だった。そして、その後、和子さんは13年間、連続トップ。通算23回、トップの栄誉に輝いている。

　ちなみに、同調査の1912年（明治45年／大正元年）は千代さんが1位だったが、大正2年（1913年）は正子さんが1位（大正の「正」）。大正4年（1915年）に千代さんが1位に返り咲いたが、それからは○子さんがトップを占め続けた。そして、大正10年からは○子さんがベスト10を独占。この状態は長らく続いた。

少女フィギュア選手人気で悦子さんが上位！

　続いては、ランキングに突如新星があらわれた、昭和11年（1936年）。この年は、二・二六事件が起こった。また、翌年7月に盧溝橋《ろこうきょう》事件が起こり、泥沼化した日中戦争へ入っていくことになる。

　落ち着かない世相の中、第9位に初登場の悦子さんがランクインしたのだ。なぜ、悦子さんがベスト10に入ったかというと……昭和の浅田真央と呼ぶべき、超人気フィギュアスケーターが登場したからだ。

　その選手の名前は稲田悦子さん（1924～2003年）。昭和10年（1935年）、第6回全日本選手権女子シングルで優勝。翌年、ドイツで行われたガルミッシュパルテンキルヒェンオリンピックに12歳で出場した。小学生だった稲田さんの可憐な演技は世界中で評判になり、日本に明るい話題を振りまいた。

　結果は10位だったが、昭和15年（1940年）に予定されていた札幌オリンピックでの彼女の

昭和11年（1936年）子ベストテン	
★ 1	和 子
★ 2	幸 子
★ 3	節 子
★ 4	弘 子
★ 5	京 子
★ 6	久 子
★ 7	洋 子
★ 8	美 智 子
★ 9	悦 子
★ 10	文 子

昭和17年（1942年）子ベストテン	
★ 1	洋 子
★ 2	和 子
★ 3	幸 子
★ 4	節 子
★ 5	昭 子
★ 6	弘 子
★ 7	美 智 子
★ 8	勝 子
★ 9	光 子
★ 10	悦 子

活躍に、国民の期待は一躍、高まった。ちなみに、12歳でのオリンピック出場は夏季、冬季を通じて、日本の最年少記録だ。

　オリンピック出場には競技団体ごとに年齢制限があるが、現在はどの競技でも15歳以上。浅田真央さんも国際スケート連盟に「五輪前年の6月30日までに15歳」という規定があるため、トリノ冬季オリンピックに出場できなかった。そういう意味では、不滅の大記録になりそうだ。

大人気だった稲田悦子（アフロ）

戦争勝利を熱願して勝子さんがランクイン

　太平洋戦争開戦の翌1942年（昭和17年）6月、日本はミッドウェー海戦で大敗を喫する。緒戦の破竹の勢いを失い、戦況が変わっていったこの年。悦子さんは10位にランクダウンして（最高位は昭和14年の6位）、代わりに初登場で第8位に勝子さんが食い込んできた。

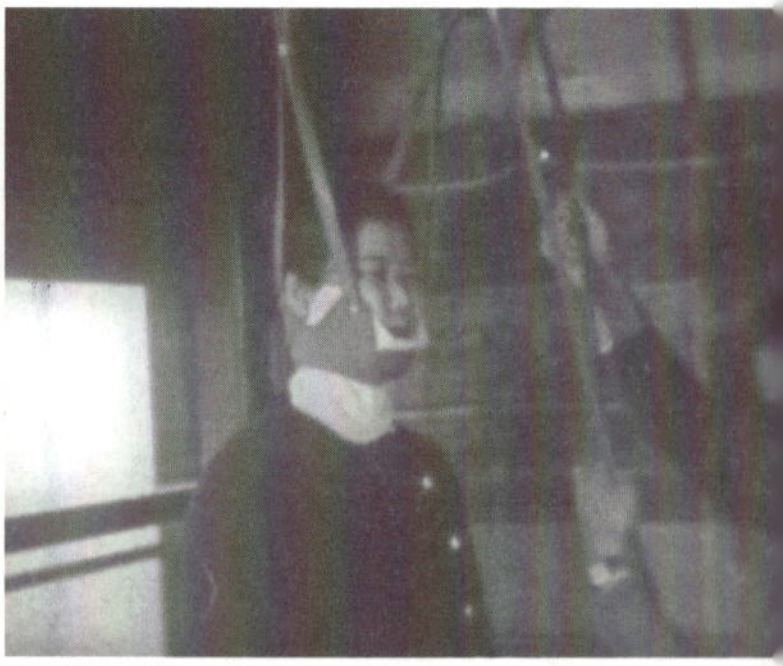

左／昭和20年代から美容ブームが始まった。右／首吊り式背伸び器なんてものまで⁉

同じ年に掲げられた標語は「欲しがりません勝つまでは」。

国民は一致団結して勝利へ向かって邁進《まいしん》する！　という時代だった。名前にも、戦争の勝利への強い願いが込められていたのだ。勝子は昭和18年が7位、昭和19年が5位、終戦の昭和20年が7位だった。

戦後、「美」が入る○子さんが人気に！

昭和25年（1950年）。この年から朝鮮戦争が起こり、朝鮮特需が復興期の日本経済にとってカンフル剤となった。

そして、第10位に由美子さん、第8位に恵美子さん。〝美〟人コンビが仲良くランクイン！　戦後、美しくなりたいという女性の願望が一気に花開いた。それまでの2文字○子さんに、「美」をトッピングした3文字の○子さんが流行したのだ。

昭和26年は7位に恵美子さん、10位に由美子さん、昭和27年は7位に美智子さん、9位に由美子さん、昭和28年は6位に美智子さん、7位に由美子さん、10位に久美子さんがランクイン。昭和28年には伊藤絹子さんの第2回ミス・ユニバース世界大会3位入賞が大きな話題になった。

ミッチーブームで美智子さんが急上昇！

昭和34年（1959年）、第4位にランクインしたのは……美智子さんだった。

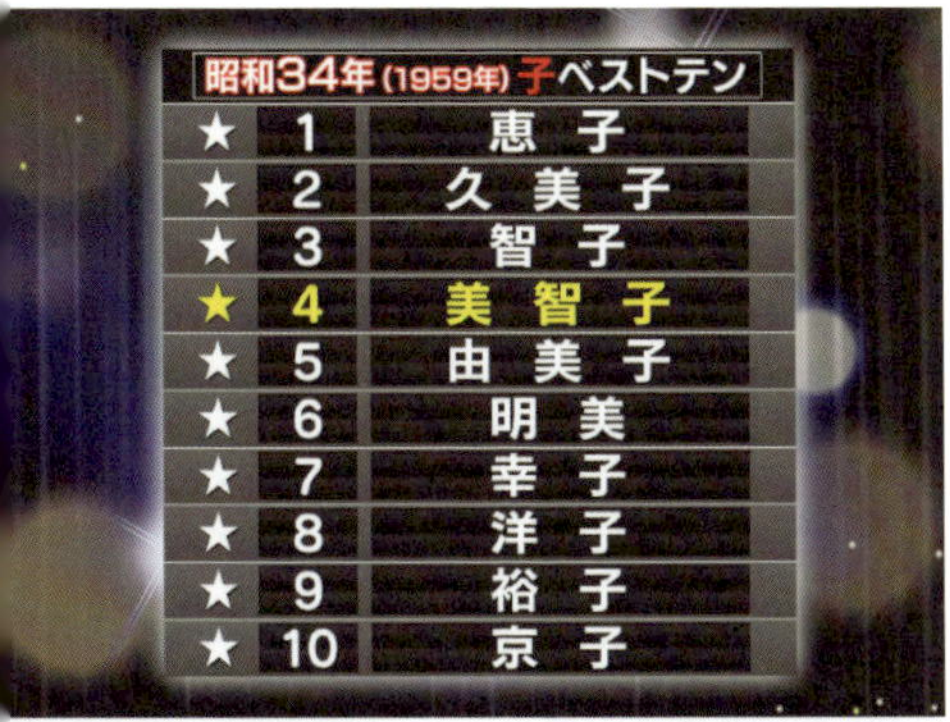
昭和34年(1959年)子ベストテン
★ 1 恵子
★ 2 久美子
★ 3 智子
★ 4 美智子
★ 5 由美子
★ 6 明美
★ 7 幸子
★ 8 洋子
★ 9 裕子
★ 10 京子

昭和32年の10位、昭和33年の7位からの急上昇だ。

その理由は、言わずと知れた、あのお方。「テニスコートでの自由恋愛」で皇太子殿下と愛を育《はぐく》み、民間初のお后《きさき》様となった美智子妃殿下だ。

1959年の皇太子同妃両殿下ご成婚パレード。
テレビの普及に大きく貢献したとされる

昭和33年（1958年）11月、皇太子殿下のご結婚が皇室会議において満場一致で可決。世の中は祝賀ムードに沸いて、ミッチーブームが巻き起こった。

昭和34年4月10日に結婚の儀が皇居内の賢所《かしこどころ》で執り行われた。その後、皇居から新居・東宮仮御所までの馬車列によるご成婚パレードには、約53万人もの人々が沿道を埋めつくして、祝福した。

ただ、翌年から美智子さんはベスト10圏外が続いている。そして、なぜか現在まで、再びランキング入りはない。

◯子さんは高度成長期に急減！このまま衰退を続けていくのか？

大正9年（1920年）からランキングのベスト10を独占してきた◯子さんだが、60年前、昭和32年（1957年）にその牙城を崩す名前が登場した。

明美さんが9位にランクインしたのだ。そして、明美さんは順位を上げ下げしながら、ベスト10圏内に入り続け、昭和40年についに1位に輝く。大正5年から1位を守ってきた◯子さんは王座を明け渡した。

また、昭和36年からは真由美さんも10位にランクイン。翌年には由美さんも加わり、◯子さんの勢力は翳《かげ》りを見せてくる。

爆発的なテレビ普及率が◯子さん急減の理由⁉

名前人気ランキングは昭和30年代、1960年代に入って、激変した。それはなぜなのか？ここに、ひとつの仮説が浮かび上がる。テレビの普及が◯子さんの減少に影響を与えた、と。

NHKは昭和28年2月にテレビ放送を開始。同年8月の日本テレビに続き、その後、続々と民放が開局する。また、昭和34年の皇太子殿下ご成婚をきっかけにテレビは急速に普及。昭和39年の東京オリンピックで普及率は一気に90％に達した。

前出の命名研究の第一人者、牧野氏はこう言う。

「雑誌を読むことが主な娯楽だった子どもたちが、高度経済成長期以降、朝から晩までテレビばかり見るようになった。そういう生活環境の大きな変化がありましたが、その時代に子ども時代を過ごした方が約20年後、昭和50年代以降に結婚、出産の時期を迎えた。この時期、名づけが大きく変化しています」

一方、○子さんも変化を遂げている。例えば、「こ」という読みとしての復活だ。「心」を「こ」と読んで、「莉心《りこ》」「虹心《にこ》」のようにキラキラ感を醸《かも》し出す。他にも「梨湖《りこ》」「葵湖《きこ》」「実來《みこ》」「心琴《ここ》」「莉杏《りこ》」「莉孔《りこ》」など、2音でおしゃれな感じだ。

ＡＫＢ48の初期メンバーでツートップの人気を誇った前田敦子さん、大島優子さんは二人とも○子さん。選抜総選挙を3連覇した指原莉乃《さしはらりの》さんも、ランキング5位の「莉子」との関係が考えられる。今後、○子さんが復活するポテンシャルはあるかも⁉

名前 人気ランキング（昭和32年〜昭和40年）

	1位	2位	3位	4位	5位	6位	7位	8位	9位	10位
昭和32年(1957)	恵子	京子	洋子	幸子	和子	久美子	由美子	裕子	明美	美智子
昭和33年(1958)	恵子	久美子	洋子	幸子	由美子	裕子	美智子	和子	京子	明美
昭和34年(1959)	恵子	久美子	智子	美智子	由美子	明美	幸子	洋子	裕子	京子
昭和35年(1960)	恵子	由美子	久美子	智子	浩子	裕子	洋子	明美	幸子	和子
昭和36年(1961)	恵子	由美子	久美子	明美	裕子	洋子	幸子	智子	京子	真由美
昭和37年(1962)	久美子	由美子	恵子	洋子	智子	裕子	明美	幸子	由美	真由美
昭和38年(1963)	由美子	恵子	久美子	明美	真由美	由美	裕子	幸子	洋子	智子
昭和39年(1964)	由美子	真由美	明美	久美子	恵子	由美	裕子	智子	幸子	ゆかり
昭和40年(1965)	明美	真由美	由美子	恵子	久美子	裕子	智子	由美	幸子	直美

明治安田生命調べ

東京オリンピックを機にテレビが急速に普及。翌昭和40年、○子さんがランキング1位の座を明け渡す。テレビの普及が名づけにも影響したのか？

参考文献

【順不同】

『日本に「鈴木」はなぜ多い?』(秋場龍一著・藤白鈴木会取材協力/角川oneテーマ21)/『<子>のつく名前の女の子は頭がいい』(金原克範著/洋泉社新書y)/『「子」のつく名前の誕生』(橋本淳治・井藤伸比古著/仮説社)/『日本の女性名—歴史的展望』(上)(中)(下)(角田文衛著/教育社歴史新書/『キラキラネームの大研究』(伊東ひとみ著/新潮新書)/『読みにくい名前はなぜ増えたか』(佐藤稔著/吉川弘文館)/『名づけの民俗学』(田中宣一著/吉川弘文館)/『名前と人間』(田中克彦著/岩波新書)/『青鞜の時代—平塚らいてうと新しい女たち—』(堀場清子著/岩波新書)/『子供の名前が危ない』(牧野恭仁雄著/ベスト新書)/『漢字に託した「日本の心」』(笹原宏之著/NHK出版新書)/『訓読みのはなし　漢字文化圏の中の日本語』(笹原宏之著/光文社新書)/『日本の漢字』(笹原宏之著/岩波新書)/『姓名の研究』(荒木良造著/第一書房)/『名字と日本人　先祖からのメッセージ』(武光誠著/文春新書)/『名字の歴史学』(奥富敬之著/角川選書)/『日本人の名前の歴史』(奥富敬之著/新人物往来社)/『羽柴を名乗った人々』(黒田基樹著/角川選書)/『日本人の姓・苗字・名前　人名に刻まれた歴史』(大藤修著/吉川弘文館)/『日本人の苗字　三〇万姓の調査から見えたこと』(丹羽基二著/光文社新書)/『苗字辞典』(進藤正則著/湘南社)/『難読稀姓辞典』(高信幸男著/日本加除出版)/『名字でわかる 日本人の履歴書』(森岡浩著/講談社+α新書)/『決定版!　名字のヒミツ』(森岡浩著/朝日新聞出版)/『知っていそうで知らない 日本人の名字なるほど オモシロ事典』(森岡浩著/日本実業出版社)/『名字の地図分布とルーツがわかる』(森岡浩著/日本実業出版社)/『県別名字ランキング事典』(森岡浩著/東京堂出版)/『日本名字家系大事典』(森岡浩著/東京堂出版)/『全国名字大辞典』(森岡浩著/東京堂出版)/『ルーツがわかる名字の事典』(森岡浩著/大月書店)/『名字でわかる あなたのルーツ』(森岡浩著/小学館)

お名前をめぐる旅は前人未踏の冒険でした

あとがきにかえて

NHK制作局・開発推進 チーフ・プロデューサー 水高 満

きっかけは、「田中コンプレックス」でした。『人名探究バラエティー 日本人のおなまえっ!』総合演出の田中涼太ディレクターは、幼い頃から、どうも自分の人生にドラマティックなことが起きないのは、平凡でパッとしない「田中」という名前のせいだ、と思っていたそうです。「おいおい、それは生き方の問題で、名前のせいじゃないよ!」とツッコミを入れたいところですが、田中Dは、さらにこう考えました。「よくある名字ではなく、たとえば『早乙女』だったら、きっと人生が変わっていたに違いない!」と。

でも、彼は、あくまで田中です。そして、ある時、戦国〜安土桃山時代の茶人・千利休の幼名が、田中与四郎だったことを知ります。その途端、時空を飛び越え、千利休と握手したような気分になり、利休が「田中」をどう思っていたのか?「田中」とはそもそも何なのか? 知りたくなったのです。

こんな発想が元となり、『日本人のおなまえっ!』の前身となった開発番組『集まれ田中!』が誕生しました。徹底的に「田中」を掘ったら、たとえば名字の由来から、「田」が国の誇りであり、生活の根幹を支えた景色が垣間見えてきました。そして最後には、コンプレックスどころか、自分の名前が誇らしく思えてきたのです。

田中さん以外の誰が見るのか……そんな心配をよそに、番組は好評をいただき、レギュラー化。『人名探究バラエティー　日本人のおなまえっ！』へとつながっていきました。

知り合いに一人はいるに違いないメジャーな名字から、「珍名」の謎まで。ある特定の名前を入り口にした旅は、決して細長い一本道ではありません。先祖たちの暮らしが刻まれた、もうひとつの「日本の歴史」であり、その名字が主人公の、１００年を越えるスケールの大河ドラマになりうる。

そんな思いで始めた取材でしたが、いざとりかかってみると、これが大変だとわかりました。名前は、いわゆる学問的な研究が体系的にされておらず、これに当たったら、絶対正解というような資料もデータもありません。

どこから手をつけるべきか？　担当スタッフは荒野に投げ出されたようなものです。つまり、毎回が「前人未踏」の取材になるわけです。

そんなとき、名前をめぐる旅のよりどころにしたのは、いわゆる素朴なギモンというやつです。「山田が記入例に多い印象があるのはなぜ？」「山下さんの方が山上さんより多いのはなぜ？」

これらを検証すべく、取材していくことになります。当然、こちらの仮説に引っ張られてもいけないし、その通りいかない無駄打ちも多いです。でも、謎の部分は想像の余地として残し、ここまでたどり着きました、ということを示せればいいと思っています。なにせ、前人未踏ですから。

基本的に名前とは誰もが一生付き合います（も

ちろん姓も名も変わることもありますが）。それにしては、なんと、その意味をスルーしながら生きていることか？

佐藤〇〇さんの一生が100年だったとしても、「佐藤」は1000年以上、名乗られ続けています。古舘伊知郎さんが番組中におっしゃっていましたが、むしろ名前を受けつぎ、伝え続けるために、私たちが生かされているような気がするほどです。

だから、私たちの番組も、この本も、稀代《きたい》の語り部、古舘伊知郎さんをナビゲーターとして、使命感をもって、現時点での名前の物語を紡《つむ》いでいるのです。テレビは保存できるとはいえ、流れていくもの。書籍という形で残せるのはうれしいです。

名前には、人にいいたくなる蘊蓄（＝先人たちのドラマ）が一杯詰まっています。知ってしまうと、たとえば名刺を受取っても、その方の名字について、ひとくさり、言いたくなる。先日、コンビニエンスストアで、店員さんの名札に「東海林」と書いて、「トウカイリン」という振り仮名がふってありました。普段、店員さんに軽口を叩いたりしないのですが、思わず、「もしかして、山形出身じゃない？」と言ってしまいました。店員さんは、若干とまどいつつ、「ど、どうしてわかるんですか!?」。

うざい、とか思われないように、気をつけなければなりませんが……。

番組のゆるキャラ
「はんこちゃん」！
2では大活躍
の予定!?

監修者プロフィール
森岡 浩 *Hiroshi Morioka*

1961年高知県生まれ。土佐中学·高校を経て、
早稲田大学政治経済学部卒業。在学中から日本人の姓氏に関する
研究を独学で始める。文献だけにとらわれない
実証的な研究への評価は高い。著書に『名字でわかる あなたのルーツ』
『名字の謎』『日本の名家·旧家』ほか多数。

日本人《にっぽんじん》のおなまえっ! ①
2017年9月30日 第1刷発行

編　者	NHK「日本人《にっぽんじん》のおなまえっ!」制作班《せいさくはん》
監修者	森岡 浩《もりおか ひろし》
発行者	手島裕明
発行所	株式会社集英社インターナショナル 〒101-0064 東京都千代田区猿楽町 1-5-18 電話○ 03 (5211) 2632
発売所	株式会社 集英社 〒101-8050 東京都千代田区一ツ橋 2-5-10 電話○読者係 03-3230-6080 販売部 03-3230-6393(書店専用)
印刷所	大日本印刷株式会社
製本所	株式会社ブックアート

定価はカバーに表示してあります。
本書の内容の一部または全部を無断で複写・複製することは法律で認められた場合を除き、著作権の侵害になります。造本には十分注意しておりますが、乱丁・落丁（本のページ順序の間違いや抜け落ち）の場合はお取り替えいたします。購入された書店名を明記して、小社読者係宛にお送りください。送料は小社負担でお取り替えいたします。ただし、古書店で購入したものについては、お取り替えできません。また、業者など、読者本人以外による本書のデジタル化は、いかなる場合でも一切認められませんのでご注意ください。

© 2017 NHK, Hiroshi Morioka
Printed in Japan ISBN978-4-7976-7343-2 C0095
JASRAC 出 1710533-701